KB125684

인생에서
나만의 기준을
만드는 방법

소소하지만 지속적인 행복을 누리는 기쁨!

인생에서 나만의 기준을 만드는 방법

손종우 지음

미다스북스

Prologue

내 인생, 내 행복은 내 기준에서 나온다

"어머니가 공부 열심히 하라고 해서 학력고사 전국 1등까지 했고, 어머니가 의대 가라고 해서 의사 됐고, 어머님이 병원장 되라고 해서 그거 해보려고 기를 쓰다가… 제 새끼인 줄도 모르고 혜나를 죽였잖아요!"

최근 많은 사람의 공감을 불러일으킨 드라마 〈SKY캐슬〉의 강준상(정준호 역)의 절절한 호소이다. 사실, 맥락 없이 대사의 앞부분만 보면 모든 것을 다 가지고 있는 1등이 배부른 소리를 하는 것처럼 보인다. 이를테면, 시험을 쳤는데, 다들 10개 이상 틀릴 때, 자기는 1개 틀렸다고 우는 격인 것이다. 그런데, 잘난 척은 고사하고, 자식을 죽였다니? 무슨 사연인 걸까?

극 중 강준상의 표현에 의하면, 자신은 어머니의 꼭두각시였다. 어머니의 말은 곧 법이고, 세상의 전부라고 받아들인 삶을 살아온 것이다. 그에게 가장 큰 인생의 목표는 병원장이 되는 것이었다. 이는 어머니의 바람이기도 했다. 그래서 그는 병원장의 자리에 혈안이 되어 있었다. 그 과정에서 강준상은 두 명의 환자를 맞이하게 된다. 그는 당연히 수술이 먼저 필요한 환자를 치료시키지 않고, 자신의 승진을 위해서 병원 관계자

환자를 먼저 수술시키는 우를 범하게 된다. 슬프게도 나중에 알고 보니 먼저 수술시켜야 했던 환자가 자신의 딸이었다는 것을 알게 되었고, 자신의 어머니에게 왜 그런 삶을 살게 했는지 통곡하며 절규를 하는 사연이다.

가슴 아픈 얘기다. 아마도 이 대사를 보며, 울컥한 사람들이 꽤 있었을 것으로 짐작이 된다. 왜냐하면 이 장면은 우리 모두의 삶의 한 단면이 고스란히 녹아 있기 때문이다. 사실, 극 중 혜나는 나도 모르게 잃어가고 있는 나 자신, 내 삶, 혹은 나에게 가장 소중한 어떤 것들일지도 모른다. 점점 잃어가고 있는 내 삶을 찾기 위한 몸부림이자, 더 잃으면 안 될 것 같은 두려움에 대한 절규일 것이다. 그 대목이 우리에게 더욱 인상 깊은 이유는 바로 오래전부터 가진 마음의 목소리를 대변했기 때문이다. 그러니 그의 대사를 통해서 나도 모르게 공감을 받고, 속 시원함을 느끼는 것이다.

하지만 여전히 어딘가 모르게 먹먹함은 존재한다. 도대체 무엇이 이런 비극을 초래하였을까?

확실한 것은 삶에 있어서 자신만의 기준이 없다는 것이다. 그래서 나는 이 책을 통해서 삶에 자신만의 기준을 만들고 그에 따라서 살자는 얘기를 하고 싶다. 나만의 기준을 만듦으로 인해서 우리는 비로소 내 목소리에 더 귀 기울일 수 있게 된다. 내 욕구가 무엇인지 더욱 알게 되고, 이 과정은 자연스레 삶의 행복을 불러온다.

다만, 내 기준을 만들고, 그에 따르는 삶을 산다는 것은 내 욕구만 채우는 이기적인 모습과는 다르다. 이기적인 모습은 자신의 잇속만 챙기며 남에게는 관심 없는 태도이다. 반면에, 내 기준을 따르는 사람들은 그 관계에서 자신을 비굴하게 만들지 않으면서도, 당당한 나로 존재한다. 그리고 나만의 기준을 따르는 것은 상대를 무시하는 것이 아니라 오히려 상대를 존중하는 결과를 낳는다. 하기 싫은 부탁을 받았을 때 투덜거리며 나의 정신을 해치고, 상대를 욕하며 하는 것보다 오히려 정중히 거절하는 것이 나를 보호하면서도 그를 존중하는 결과를 낳는 것이다.

우리 모두 삶을 살아가며 중요하게 여겨지는 주제들을 직면한다. 인생, 일, 대인관계, 돈, 행복, 성공, 사랑, 학업 등이 있다. 이런 주제들에 대해서 자신이 대처하는 기준이 있는가? 있다면, 그 기준은 어디에서 나온 것인가? 칼로 베어 정확하게 구분 지을 순 없겠지만, 나의 목소리가 아니라 나 이외의 목소리가 더 많이 개입되어 있는가? 그렇다면, 나만의 기준을 만들어볼 것을 권장한다.

세상은 끊임없이 획일화된 기준을 암묵적으로 강요하고 있다. 넓디넓은 세상이 말하는 기준인 만큼 다양하고 의미 있을 것이라 생각되지만 사실 협소하다. 돈, 명예, 권력 등이 전부이다.

물론, 세상이 말하는 기준이 잘못되었다는 것은 아니다. 그것들은 우리의 삶에 직결되며, 필수적인 주제들이기 때문이다. 다만 우리가 그것들이 인생의 정답이라고 생각하는 것이 문제이다. 그리고 그 과정에서 나의 목소리를 반영하지 않고 받아들이기 때문에 문제가 생기는 것이다. 그러니 결국 자신을 잃어가는 상황이 초래되는 것이다.

눈을 조금만 돌리면 정말 더 큰 세상이 있고, 새로운 삶이 나를 기다리고 있다. 이러한 삶은 내 삶의 기준을 만들고, 그에 따라 살아가는 사람들만이 누릴 수 있는 특권이다.

이 책은 가식적인 웃음이 진솔한 웃음으로, 비굴한 모습이 아닌 당당한 모습으로, 위축된 모습이 아닌 어깨를 활짝 편 나를 찾을 수 있도록 도와줄 것이다.

스케치북이 아닌 붓이 되자. 고유의 빛으로, 자신만의 색깔로 채색 당하는 것이 아닌 세상을 채색하자. 나는 당신이 그럴 수 있다고 믿어 의심치 않는다. 우리 모두에겐 그럴 권리가 있고, 그럴 힘이 충분히 존재한다.

Prologue

1장 왜 나만 행복하지 않을까?

2장 나는 왜 '사람'이 가장 어려울까?

3장 비교를 그만둘 수는 없을까?

4장 남에게 휘둘리지 않고 나답게 사는 법

5장 나 자신에게 가장 좋은 사람이 되라

Epilogue

내 인생을 위해 가지면 좋은 기준

1장

왜 나만 행복하지 않을까?

01 불행은 어디에서 시작되었나

나는 다른 어떤 규칙보다 나 자신의 원칙을 가장 존중한다.
– 미셸 드 몽테뉴

불행은 다른 사람으로부터 인정을 구하면서 시작되었다

어렸을 때부터 나와 아버지는 늘 어색한 관계였다. 만나면 어색하고, 무슨 말을 해야 할지 몰라 조용히 TV만 보는 그런 사이였다. 그런데, 초등학교 이후부터였을까? 어색한 관계를 넘어서 점점 아버지와의 관계가 나빠졌다. TV를 함께 보는 것도 줄어들었고, 식사를 함께하는 것도 싫어졌다. 행여나 식사를 함께하게 되면 억지로 밥을 먹었다. 그리고 내 밥만 얼른 먹고 자리를 피했다. 사실, 다른 사람이 보면 남이라고 해도 무방할 정도였다. 그렇다. 내 불행의 역사는 여기서부터 시작되었다. "왜 나만 행복하지 않은가?"라는 질문과 함께 말이다.

초등학교 시절 나는 아버지를 굉장히 무서워했다. 아버지는 경북 단북 출신이셨다. 그곳은 경북 내에서도 시골에 속하는 편이었다. 즉, 경상도 토박이 남자인 셈이다. 그래서 경상도 "남자는 무뚝뚝하다."라는 대중의 선입견이 깨지지 않도록 지금까지 성격을 유지하고 계신다. 그리고 무뚝뚝한 성격에 더하여 성격도 급하신 편이었다. 한번은 아버지께서 굉장히 다급한 발걸음으로 집에 오셨다. 그 급한 성격은 집에 불이라도 난 것처럼 이것, 저것을 시키며 집안을 긴장시켰다.

이런 아버지의 성격에 언제부턴가 불안감을 느꼈다. 아버지께서 오신다는 느낌이 들면 그 좋아하던 게임도 멈추고, 바짝 긴장했었다. 그러면서 점점 성숙해가며 나는 아버지에게 서운함을 느꼈다. 그 서운함은 아버지에게 따뜻한 애정을 한 번도 받아본 적이 없다는 것이었다. 시간이 지나면서 서운함은 짜증으로 변했고, 짜증은 이내 곧 화와 분노로 바뀌었다. 그래서 사춘기 시절에 나는 아버지를 극도로 미워하고, 싫어했다. 당시에는 원인을 몰라서 더욱더 마음이 답답하고 힘들었다. 아버지와의 관계는 시간이 지날수록 더욱더 골이 깊어졌고, 사이는 더욱더 멀어졌다. 정말 내가 힘들고, 화가 난다는 말이 매번 목까지 차올랐지만, 그때마다 누르고, 또 눌렀다. 무엇보다 그 한마디를 한다고 아버지가 변할 것 같다는 희망이 없었다는 것이 나를 더 좌절하게 했다.

그렇게 한 번도 받지 못했던 사랑과 애정은 부정적 생각으로 바뀌었다. 그것은 내가 '쓸모없는 사람'이라는 것이었다. 그리고 나에 대한 부정적 생각은 가족이 아닌 밖에서 겉돌게 했다. 그 이후로 나는 어떤 것을 하든 다른 사람의 인정을 받기 위해서 모든 집중을 하였다. 평소 운동을 좋아하는 편이라 체육 시간을 좋아했었는데, 한번은 체육 선생님이 반장 역할을 하라고 시키셨다. 그 선생님은 운동부를 지도하고 계시던 선생님이었다. 그래서 운동능력에 대한 평가 기준이 높았다. 그런데 내가 생각지도 못하게 인정을 받으니 내심 굉장히 기뻤다. 하지만 문제는 칭찬받은 이후부터 매 시간마다 체육 시간을 즐기기는커녕 힘들어졌다. 왜냐하면 체육 시간에 하는 활동들이 놀이가 아닌 일로 바뀌었기 때문이었다. 체육 시간의 목적이 바뀐 것이다. 놀이가 아닌 인정을 구걸하기 위한 시간이었다. 즉, 선생님의 인정을 구하기 위해서 나는 체육을 했다.

중학생이 되면서 조금 괜찮아지는 것 같았다. 하지만 그 상처는 내 안에 그대로였다. 그래서 고등학교 3학년이 되면서 다시 나타났다. 고등학교 3학년 때 인문계 고등학교에 다녔었는데, 그때 학업 수준이 낮거나, 공부에 취미가 없는 학생들을 따로 모아서 직업반을 개설해주셨다. 여기에 들어오게 되면 교과 시간에 참석하는 대신 직업학교라는 곳으로 보내졌다. 그리고 친구들이 공부할 때 우리는 취업을 위한 공부를 하는 것이다. 나는 경북산업직업전문학교의 자동차 차체 수리 학과에 위탁되었다. 다른 학과도 많았지만, 내가 친숙하게 여기는 분야는 그 학과여서 선택한 것이었다. 그 학과에 다니면서 나는 나름대로 야망을 품었다. 1년 안에 자격증을 최대한 많이 따는 것이었다. 보통 1년에 자신의 학과 자격증 1개만 취득한다. 하지만 나는 더 욕심냈다. 왜냐하면, 다양한 자격증을 취득하여 아버지에게 보여드리고 싶었기 때문이다. 아버지께서는 굴착기 운전을 하셨다. 그래서 비슷한 기계 계열에서 취득한 자격증을 보여드리면 나의 노력을 더욱 인정을 받을 수 있을 거라는 희망에 부풀어서 하루하루를 보냈다. 무의식적이었지만 이것이 나의 진짜 입학 이유였다.

그렇게 1년이라는 시간이 훌쩍 지났을까? 열심히 했던 노력의 결과로 4개의 자격증을 취득했다. 직업학교와 나의 본교에서는 특별한 일로 여기고 상장을 수여했다. 기뻤다. 내 노력을 그대로 보상받는 것 같았기 때문이다. 그러나 이것으로 끝나는 것이 아니었다. 마지막 관문을 남겨두고 있었다. 아버지에게 보여드리는 일이었다. 그리고 당당히 취득한 자격증을 보여드리는 모습을 생생하게 그리며 아버지가 오시길 기다렸다.

"딩동."

아버지께서 오셨다. 나는 숨을 가다듬고, 아버지께서 자리에 앉으실 때까지 기다렸다. 그리고 준비해둔 보물을 건네는 것처럼 자격증을 보여드렸다. 자격증을 보시더니 아버지의 입가에는 옅은 미소가 퍼졌다. 하지만 결국 그 미소는 오래가지 않았다. 그리고 한마디 하셨다.

"이거 2급이네."

그 의미는 따기 쉽다는 것이었다. 그리고 1급이 아니면 크게 쓸모가 없다는 뜻이었다. 아직도 생생하게 기억이 난다. 공허함으로 땅을 팔 수 있다면 지구의 중심까지 들어갈 수 있을 것 같았다. 내가 다른 사람의 인정을 구하기 위해서 살았다는 생각이 더 힘들게 만들었다.

끊임없는 인정 갈구는 허무함만을 남겼다

대학교로 진학할 때는 고등학교 3학년 때 배웠던 자동차 차체 수리 기술을 살렸다. 그래서 구미에 있는 2년제 전문대학 자동차기계공학과로 입학했다. 2년은 생각보다 짧았다. 군대를 전역한 후 1년 안 되게 다니니 졸업해야 할 시기가 왔다. 취업할 것이냐, 진학할 것이냐. 답은 사실 정해져 있었다. 2년제 대학을 입학하면서부터 나는 편입을 결심했다. 내가 무엇을 좋아하는지에 대한 고민 없이 선택한 전공은 나와 맞지 않았다. 그래서 차분하게 자기계발서를 읽고, 심리검사도 해보고 내 성격에 맞는 직업을 찾고 싶었다. 여러 노력 끝에, 하나의 직업을 선택했다. 그것은 상담사였다. 그래서 2년제를 졸업하게 하면서 동시에 4년제로 편입을 준비했다.

편입에서 중요한 것은 영어성적이었다. 편입 영어는 당시 영어 시험 중에 어렵기로 소문나 있는 시험이었다. 특히, 수도권에 있는 대학은 정말 어려웠다. 유학생들도 엄청난 공부를 해야 하는 수준이었다. 나는 2년제 대학을 졸업할 때까지 영어 공부를 제대로 해본 적이 없었다. 그래서 학원에서의 성적은 당연히 최하위였다. 10, 20점이 나의 평균 영어 점수였다. 정말 창피하지만 웃긴 것은 40점이 나오면 아무도 모르게 나만 기분 좋아했었던 기억이 생생하다.

그렇게 각고의 노력 끝에 거의 2년 만에 지방의 국립대에 합격했다. 중학교 영어 수준이었던 내가! 정말 감사한 일이었다. 하지만 나는 그 기쁨을 누리지 못했다. 아무리 못해도 하루는 기뻐해야 나에 대한 보상이 되지 않을까? 그러나 그 기쁨은 사막의 신기루처럼 정확히 5분 뒤에 사라졌다.

왜 그랬을까? 나의 목표는 내가 정한 기준을 따른 것이 아니라 세상의 기준에 따른 목표였다. 그래서 처음 목표했던 학교 대신 다른 학교에 합격한 기쁨을 누리는 것은 내게 사치로 다가왔다. 즐기더라도 몰래 즐겨야만(?) 하는 웃지 못할 상황인 것이다. 이번에도 나는 내 삶을 살아온 것이 아니었다. 그저 다른 사람의 인정을 구하고, 그것이 정답이라고 여겼다.

우리가 행복하지 않은 이유는 바로 여기에 있다. 삶에 자신만의 기준이 없다는 것이다. 나만의 기준이 없는 삶에는 생동감이 존재할 수 없다.

자신의 영혼이 살아 숨 쉬지 않는데, 어떻게 행복할 수 있을까? 그러니 매 순간 삶의 중요한 순간들을 놓치기 쉽다. 자신이 평소 행복할 때보다 불행할 때가 더 많다면 다시 한번 물어보자.

"왜 나만 행복하지 않은가?"

02 진짜 문제는 자존감이다

나 자신에 대한 자신감을 잃으면, 온 세상이 나의 적이 된다.
– 랄프 왈도 에머슨

지금 마음이 힘들다면, 자존감도 상처 입었다는 뜻이다

나는 사람들을 만나서 삶의 이야기를 나누는 것을 좋아한다. 그래서 오프라인으로도 많이 만나고, 카페와 블로그를 통해서도 꾸준하게 만나오고 있다. 요즘에는 스마트폰이 더 발달해서 카페를 통해서 더 많은 사람을 접하는 것 같다. 이렇게 온 · 오프라인으로 많은 사람을 만나는 이유는 나의 직업과 관련이 있기 때문이다. 나는 현재 심리상담사로 활동 중이다. 그래서 사람들의 다양한 삶의 얘기를 듣는다.

삶의 얘기에는 분노 조절, 우울, 불안, 강박, 충동 등 매우 다양한 호소 문제들이 존재한다. 그런데, 우려되는 것은 사회의 발달에 따라서 이런 문제들이 더 늘어날 것이라고 추측되기 때문이다. 어쨌든 상담을 해오면서 꽤 다양한 수준으로 많은 문제가 있다는 것을 알게 되었다. 과연 그것은 어떤 것일까? 그것은 바로 자존감 문제이다. 다르게 표현하면, 심리적 고통을 호소하는 사람들의 핵심 문제인 것이다.

그렇다면 자존감이란 무엇일까? 자존감이란 자신이 사랑받을 만한 가치가 있는 존재이고, 어떤 성과를 이뤄낼 수 있는 사람이라고 믿는 마음이다. 이 자존감은 사람들과 관계하면서 생기게 되는데, 주로 어릴 적 중요했던 기억이 큰 영향을 주게 된다. 이 시기에 자존감이 어떻게 형성되느냐에 따라서 성인 시기의 삶이 확연히 달라진다. 그리고 그 사람의 행복의 수준에도 직접적인 영향을 미친다.

나는 어릴 적부터 아버지에 대한 미움이 많았다. 한 번도 따뜻한 사랑을 받아보지 못했다는 서러움과 분노 때문이었다. 그 감정들은 시간이 흐를수록 더욱더 커졌다. 그리고 독기를 품게 했다.

"누가 이기나 보자!"

"내가 이렇게까지 열심히 하는데, 사랑해주지 않는다면 아버지도 아니야!"

20년 이상 이 말을 혼자서 곱씹었다. 시간이 흐르면 흐를수록, 내 마음은 더욱더 냉소적으로 변해갔다. 어느 순간 심한 우울감을 겪기도 했다. 이런 기분들은 더욱더 내가 쓸모없고, 가치 없는 사람이라고 각인시켜주는 것 같았다.

내 자존감은 회복할 수 없는 수준으로 떨어져갔다. 그와 함께 다른 문제들도 나타났다. 대인관계를 하면서 나는 다른 사람들을 잘 믿지 못했다. 다른 사람들의 속내를 늘 의심하고, 증거를 찾으려 했다. 특히, 누군가 내게 칭찬할 때면 나는 속으로 거짓말이라고 치부하며 아부한다며 오히려 거리를 두었다.

대학교 시절 친했던 같은 학과 동생이 있었다. 그 동생은 항상 인사성도 좋고, 붙임성도 좋아서 선배와 후배들에게 인기가 많았다. 나와 그 동생은 학과 생활을 열심히 했었기 때문에 만날 기회가 많았다. 그래서 술잔도 함께 기울이기도 할 정도로 가까운 사이였다. 하지만 겉으로는 친한 척을 할지라도 속으로는 늘 의심했다. "저 말이 진심일까?", "일부러 놀리는 거 아냐?"라며 말이다.

나는 의심하는 생각을 멈출 수 없었다. 그래서 내가 편하기 위해서 그 동생을 멀리해야만 했다. 확실히 마주칠 일이 사라지니 마음은 편했다. 하지만 그렇게 멀어지니 마음 한쪽 구석에서는 헛헛한 마음이 늘 존재했다.

문제의 원인은 어디에 있는 것일까? 동생? 나 자신? 그것도 아니면 그렇게 만든 상황? 나는 그 동생이 내게 진실하지 않은 태도를 보였다고 생각했다. 그래서 그런 사람과는 어울리기 싫다고 생각했고, 결국 만남을 피하게 된 것이다. 당신은 어떤가? 우리는 보통 원인을 내부에서 찾지 않고 외부로 돌린다.

"그때 네가 그 말을 하지 않았더라면…!"
"뭘 해도 안 되는 이놈의 세상!"

이렇게 외부의 탓으로 돌리면 마음은 훨씬 편하다. 하지만 변하는 것은 없다. 상대는 그대로 존재할 가능성이 훨씬 높다. 그래서 우리는 내면을 돌아봐야 하고, 그 시작은 자존감의 회복이어야 한다는 것이다. 그래야 다른 사람의 마음을 진실하게 들을 수 있다. 설사 나를 속이려 하는 말이라도 좀 더 너그러운 마음으로 받아들일 수 있게 된다.

대학교 시절 연애 경험이 생각난다. 봉사단체에서 만난 친구였다. 그녀는 항상 마음이 선하여 다른 사람에게 배려를 잘하였다. 그리고 무엇보다 밝은 모습이 참 매력적이었다. 함께 있으면 기분이 좋아지는 사람.

그런 사람이었다. 그래서 나도 모르게 그녀에게 마음이 끌렸고, 봉사하면서도 그녀를 마음에 두고 있었다. 젊은 남녀가 함께하는 단체였기에 식사 모임에서 연애 얘기는 빼놓을 수 없는 단골 메뉴였다. 정확히 기억은 나지 않지만, 게임을 했었다. 그 게임을 통해 서로의 마음을 직감적으로 알아차릴 수 있었던 것 같다. 그래서 결국 우리는 커플이 되었다.

만나면서 우리 커플은 크게 싸우는 일 없이 잘 지냈다. 만약 싸움이 났을 때는 서로 배려하고, 한 번 더 서로를 이해하고자 노력했다. 그래서 싸우는 횟수는 보통의 커플과 비슷했지만, 싸우게 되는 기간은 짧았다. 하지만 싸우는 기간이 길어질 때가 있었다.

한번은 내가 장난기 어린 마음으로 질문을 시작했다.

남자 : "나 왜 사랑하는 거야?"

여자 : "그냥 좋으니까!"

남자 : "진짜?"

여자 : "응!"

남자 : "좀 더 말해봐."

여자 : "그냥 좋으니까 만나는 거지. 뭘 그렇게 자꾸 물어!"

남자 : "궁금해서 묻는 건데 그게 화낼 일이야?"

장난기 어린 마음으로 시작했다. 하지만 크게 싸웠다. 평소 이렇게 질문을 많이 했던 터라 여자친구도 쌓여있던 불만과 짜증이 폭발한 것 같았다.

만약에 이 사건으로 헤어진다면 누구에게 원인이 있을까? 물론 이혼 법정이 아니기 때문에 판결을 내릴 수 없다. 중요한 것은 대화 속의 장난기 어린 질문을 그저 장난으로만 볼 수 있겠냐는 것이다. 엄밀하게 본다면 그 장난 속에는 나의 무겁고 칙칙한 자존감 문제가 있었다. 예를 들어, 남자 친구가 갑자기 전화했다. 그리고 진지하게 분위기를 잡고 물어본다.

"나 정말 사랑해?"
"왜 사랑해?"

여자로서 이 질문을 받는다면 어떻겠는가? 말하지 않아도 알 것 같다. 진지하게 물으면 못나 보이고, 지질해 보일 것이 분명했기 때문이다. 그래서 나는 장난이라는 가벼움을 내세웠다. 그러면서 그녀의 마음을 확인하고자 했다. 다시 떠올려도 내겐 창피한 흑역사이다.

어쨌든 이 연애는 결국 비극으로 끝나게 된다. 아마 연애의 시작과 동시에 끝을 앞둔 시한부 연애였을지도 모르겠다. 헤어질 때 나는 "우리의 성격이 잘 맞지 않는다"는 이유로 둘러댔다. 그리고 미안하다는 말과 함께 그녀와의 기억들을 추억들로 남겼다. 무책임하고 비겁한 말이었다.

아마 상대가 받았을 충격은 헤아리기 힘들 정도였을 것이다.

이후에 대학원 석사로 입학을 하게 되면서 심리학을 본격적으로 배우게 되었다. 그러면 수련생으로서 심리상담을 전문가에게 받아보는 과정을 거치게 된다. 그때 나는 내 자존감이 정말 낮다는 것을 알게 되었다. 내가 경험하는 관계 문제들은 자존감이 출발점이었다. 그래서 연애 당시엔 내 자존감이 낮다 보니 그녀의 사랑을 충분히 받지 못했다. 그래서 과분하다고 느꼈고, 그 사랑을 의심하기도 했다. 그러니까 비극적으로 사랑을 더 받으면 받을수록 나는 더 괴로워졌다. '정말 내가 이렇게 사랑받을 만한 존재인가?'라며 말이다.

나중에 다시 그녀를 만날 일이 있을지 모르겠다. 만약 다시 만나게 되는 일이 생긴다면 제대로 사과하고 싶다. 그때 "내가 너무 못나서 미안했다.", "내 자존감이 너무 낮아서 네 사랑을 받기엔 과분했어."라고 말이다.

더는 외부에서 문제의 원인을 찾지 말자. 모든 문제의 시작은 내면이다. 그리고 그 문제들의 핵심은 낮은 자존감이다.

03 눈에 비치는 삶이 전부일까?

불행의 가장 큰 원인은 다른 사람의 행복을 과대평가하는 데 있다.
– 마거릿 토머스

내게 없는 것일수록 그것은 더욱더 빛나는 것처럼 보인다

내가 어릴 때 우리 집은 바람 잘 날이 없었다. 왜냐하면 하루가 멀다고 동생과 싸웠기 때문이었다. 너무 어릴 때라서 무엇 때문에 그렇게 많이 싸웠었는지 기억은 잘 나지 않는다. 하지만 자주 싸웠다는 것은 기억에 남는다. 동생과 나는 4살 차이가 난다. 나이 차이가 어느 정도 있는 편이었지만 어릴 때라서 큰 차이를 못 느꼈다. 지금은 형님과 아우로 지내며 서로 존중하며 지내지만 어릴 때는 그냥 친구 같았다. 그래서 우리 둘을 키우느라 어머니는 꽤 속이 탔었다.

하루는 동생이 내가 입은 옷을 보며 이것, 저것 물어봤었던 기억이 난다. 그 질문은 멈출 줄을 몰랐다. 영문도 모른 채 성의 없이 나는 계속해서 답변을 해줬다. 사실, 그 옷은 부모님께서 생일 선물로 주신 것이었다. 하지만 부모님은 옷 선물을 비밀로 해주길 바라셨다. 왜냐하면 동생이 그 사실을 알게 되면 자신도 사달라며 난리를 칠 수도 있기 때문이었다. 나는 동생의 성격을 알고 있었기 때문에 알았다고 하였다. 동생은 어릴 적 샘이 많았다. 나도 만만치 않았지만, 동생도 한 성격(?)했었기 때문에 부모님은 동생의 심기를 건드리지 않고자 했다. 나도 그런 부분을 알고 있었기 때문에 동생이 옷에 관해서 물을 때마다 대충 대답하며 넘겼다.

하지만 그 질문이 계속될수록 내심 반갑고 좋았다. 왜냐하면 선물을 받고서 자랑하고 싶었지만, 자랑할 수 없었기 때문이다. 물론 부모님의 말씀을 이해했고, 약속까지 했었다. 그렇지만 어린 나로서는 약속을 끝까지 지키는 것이 어려웠던 것 같다. 아니, 어떻게 보면 표면적으로 부모님과 약속을 했지만, 약속을 어기고 싶었는지도 모르겠다. 끝내는 자랑하고 싶었던 것 같다. 그래서 결국 나는 동생에게 선물로 받았다는 것을 말해버렸다.

그때 이후로 부모님이 예상하던 난리가 났고, 가정의 평화를 유지하기 위해서 부모님께서는 동생에게도 똑같은 옷을 사주셨다. 티셔츠였는데, 동생은 몇 번 입어 보더니 휙 던져버리고는 마음에 들지 않는다고 하였다. 동생은 결국 부모님과의 실랑이 끝에 다른 옷을 사게 되었고, 그렇게 가정의 평화는 지켜졌다.

여기서 지켜봐야 할 것은 바로 동생의 관점이다. 사실, 동생의 관점은 개인적인 관점이라고만 생각하지 않는다. 이는 우리들의 관점이기도 한 것이다. 현재 내가 보고 있는 다른 사람들의 삶이 정말 멋져 보이고, 부럽게 느껴진다. 심지어 너무 부러워서 몸에서 반응하기도 한다. 배가 아프거나, 갑작스레 두통이 생기기도 한다. 다른 사람들의 삶을 보고, 부러워하지만 막상 그들의 삶을 경험해보니 내게 별 느낌이 없을 수도 있다는 것이다. 동생은 나의 옷을 보며 자신이 갖지 못했던 것이라 부러워했다. 그러나 막상 입었더니 어땠는가? 마음에 들지 않아 내팽개쳤다. 그러니까 막상 경험해보니 자신이 생각했던 만큼 원하는 것이 아니었다.

우리는 보고 싶은 것만 보고, 그것이 전부라고 착각하며 산다

사물에는 명과 암, 장단점, 좋은 점과 나쁜 점이 있다. 사실, 사물이라고 제한했지만, 세상 그 어떤 것에도 두 가지 면이 존재한다. 하지만 문제는 언제나 그렇듯 내가 보고 있는 것이 전부라고 믿는 것이다. 누가 그렇게 얘기해주지 않아도 나 스스로가 그렇게 믿게 되는 것이다. 그래서 다른 면을 생각하지 못하고, 현재 내가 보고, 경험하는 것만을 바탕으로 판단하게 되는 오류를 범하게 된다.

우리는 이미 알고 있다. 자신도 원치 않지만 오류를 범하고 있다는 것을. 인간의 이러한 오류를 잘 설명해주는 유명한 실험이 있다. 그 실험의 참여자는 두 귀를 통해서 여러 가지 소리를 듣게 된다. 즉, 양쪽에서는 다른 말들이 들어오는 것이다. 그러다가 특정 단어가 나오게 되면 그 단어를 말한 목소리에만 귀를 기울여야 한다. 참여자들은 놀랍게도 특정 단어가 나온 사람의 목소리에만 주의를 기울였고, 그와 관련된 정보들만 처리하였다. 그 외에 다른 방향에서 나오는 목소리에 대해서는 특정 단어 이후부터 그 어떤 정보도 처리하지 못했다. 목소리, 말의 내용, 억양 등을 기억하지 못했다.

이 실험을 통해서 우리는 보고 싶은 것만 보는 사람의 인지 능력을 확인할 수 있다. 그래서 다른 사람들의 삶을 볼 때 보고 싶은 것만 보는 것은 인간으로서 당연한 결과라는 것이다.

하지만 그렇게 자연스러운 인지 능력의 결과로 놓치게 되는 것들이 많다. 이를 정확히 알고 있어야 나중에 후회하지 않을 수 있다.

성공했지만, 불행을 겪는 사람들이 있다. 겉으로 보이는 모습들은 정말 화려하다. 멋지고, 사람들의 열광을 받으며, 부족한 것 없이 사는 것 같다. 하지만 그들의 내면을 보면 힘든 경우도 있다.

유명한 패션 브랜드 디자이너 케이트 스페이드는 어퍼이스트 파크 애비뉴에 있는 자신의 아파트에서 자살한 것으로 알려졌다. 그녀는 '케이트 스페이드'라는 자신의 패션 브랜드를 발매하여 유명한 패션 브랜드의 반열에 올랐다. 또한, 이후에는 자신 딸의 이름을 따서 브랜드를 만들어 발매하기도 했다. 그렇게 그녀는 대중들에게 매우 성공한 삶을 사는 것처럼 보였다.

하지만 그녀의 비극적 결말은 심리적인 이유였다. 그녀가 앓고 있었던 것은 우울증과 조울증이었다. 주변 관계자들은 그녀가 자신의 브랜드를 운영하면서 점점 스트레스를 받고 있다는 것을 알고 있었다. 시간이 지나면서 그녀의 증세는 악화되었다. 때에 따라서 조증 환자의 모습을 보이기도 했다가 어느 날은 시체처럼 에너지가 없는 모습을 보이기도 했다. 결국 주변에서는 그녀를 걱정하여 치료를 제안했고 다행히 받아들였다. 하지만 그녀는 치료를 받으러 가기 전에 심리적으로 불안함을 호소하며 결국 치료 계획을 취소하게 되었다. 그 이유는 자신의 브랜드 운영과 관련되어 있었다. 그렇게 그녀는 스스로 치료 기회를 거부하게 되면서 삶과의 거리를 두었다. 결국 주변 사람들로 하여금 안타까움과 눈물을 자아냈다.

성공자들의 특징 중의 하나는 성공에 있어서 큰 감흥을 느끼지 못한다는 것이다. 이 말은 성공을 한 후에 바로 또 다른 성공을 위해서 몰입한다는 것을 의미한다. 그래서 각고의 노력 끝에 얻은 성공을 충분히 누리고, 경험하지 못한다는 것이다. 성공 이후의 감흥을 누리더라도 얼마 가지 않는다는 것이다. 그리고 또 다른 성공을 위해서 자신의 몸과 인생을 바치게 되고, 자신만의 세계로 몰입하게 된다.

이런 성향들이 두드러지게 나타나다 보니 그들은 삶을 충분히 경험하지 못한다. 주변을 돌아보며 사는 여유가 없는 것은 물론이고, 매일의 삶이 불안으로 가득 차 있다는 것이다. 그래서 그들은 가만히 있지 못하는 것이 하나의 특징이다. 가만히 있는 그 찰나의 순간에도 무언가를 해야 직성이 풀린다는 것이다. 그렇게 해야만 그들의 내면에 존재하는 불안에서 잠시라도 자유로울 수 있는 것이다.

평범한 삶을 사는 사람들에게는 이해하기 어려운 일일 수도 있다. 특히, 성격적으로 느긋한 삶을 추구하는 사람들에게는 더욱더 이해하기 어려운 일이다. '굳이 그렇게까지 살아야 하는가?'라는 질문을 던지게끔 하는 부분이다. 그들에게 있어서는 전혀 이상하지 않은 상황이다. 사실, 그렇게 살아왔기에 우리들이 보고 있는 성공한 삶을 얻은 것이다.

타인들의 눈에 비치는 멋진 삶, 부러운 삶을 부정하고 싶은 것은 아니다. 다만, 사람들은 자신들이 보고 싶은 것만 보고 사는 경향이 있다. 그래서 우리 눈에 비친 삶이 전부이고, 그 삶이 곧 정답이라고 착각하는 것을 일깨워주고 싶은 것이다.

우리 눈에 비친 그들의 삶이 전부가 아닐 수 있다. 이 말은 지금 우리의 삶도 충분히 아름다울 수 있다는 것의 다른 표현이다.

04 내 가치는 숫자로 매길 수 없다

당신의 가치는 당신이 결정하는 것이다.
– 비욘세

나도 모르게 나의 가치가 숫자로 평가되고 있다

경제력이 있는 국가들은 분기별로 GDP를 발표한다. GDP는 국내 총생산량이라고 하는데, 여기에는 가계, 기업, 정부 등의 모든 경제주체가 일정 기간 생산한 재화 및 서비스의 부가가치를 시장가격으로 평가하여 합산한 것이다. 좀 더 쉽게 말하면 우리나라 내에서 발생한 경제력의 총합인데, 모든 부가가치의 생산 활동을 화폐단위로 환산한 값이라고 생각하면 된다. 그래서 대외적으로 국가별로 경제 규모를 비교할 때 유용하게 사용되는 자료이다.

우리나라의 경우 매해 10위권을 유지하고 있다. 이 표를 보면 우리나라는 부유한 국가라고 생각된다. 그리고 국민들도 풍족하며, 행복한 삶을 살고 있으리라 예측해볼 수 있다. 하지만 이 표와 현실은 다르다. 우리나라의 많은 청년이 취업난에 시달리고 있고, 집값은 멈출 줄을 모르고 연일 고공행진을 하고 있다. 그래서 국민들의 행복지수는 GDP만큼 높지 않다. 사실, 예전에는 GDP가 높은 만큼 국민들의 행복 지수도 보장되었다. 과거에는 매우 열악한 환경에서 국가가 산업화를 이뤄왔기 때문에 국가의 부유함은 곧 국민들의 행복과 직결되었다. 왜냐하면 국가가 부유해지면서 국민들의 굶주린 배가 채워졌기 때문이다. 과거와 다르게 이제는 더이상 우리나라의 GDP는 국민들의 행복함을 담아내지 못한다.

사람의 경우도 마찬가지다. 우리나라는 자본주의 사회이다. 그래서 돈, 급여에 따라서 그 사람의 가치를 평가하는 경우가 많다. 우리나라 사회는 그 금액에 따라서 사람들에 대해 대우가 달라지기도 한다. 사실, 이런 부분이 나쁜 것은 아니다. 자본주의 논리에 따른다면 더 많은 경제력과 높은 사회적 지위를 갖는 사람들은 사회에 더 많은 공헌과 기여를 할 수 있는 확률이 높기 때문이다. 그래서 그에 맞는 대우를 하는 것은 사회의 자연스러운 흐름인 것이다. 하지만 문제가 되는 것은 자기 자신을 돈 그 자체만으로 평가하는 것이다. 혹은 반대로 상대를 평가할 때 매우 다양한 기준이 적용될 수 있음에도 불구하고, 돈으로만 평가하는 오류를 범하는 것이 문제가 될 수 있다.

최근 뉴스들을 보면 심심찮게 아르바이트 직원을 하대하는 사건이 소개되었다. 그래서 인터넷에서는 많은 논란이 생겼다. 그중 많은 사람들로 하여금 분노를 자아낸 사례가 있었다. 국민들의 대다수가 좋아하는 패스트 푸드점에서 일어난 일이다. 한 고객은 햄버거와 음료를 주문했고, 기다리고 있었다. 하지만 5분, 10분이 지나고 주문한 메뉴는 나오지 않았다. 그래서 고객은 아르바이트 직원에게 항의했지만, 주문한 메뉴의 재료가 일시 품절되어 조금 더 기다려달라는 것이었다. 그에 화가 난 고객은 항의했다. 고객을 응대하는 아르바이트 직원에게 인격적으로 모독하는 발언을 하기도 했다. 그러나 그 고객을 응대하는 사람이 적어도 점장이었더라면 그러한 모독까지는 나오지 않았을 것이다.

물론 이러한 사건들은 당사자들의 인격과 심리적 상황에 따라서 다르게 나타날 수 있다. 중요한 것은 돈으로 자신을 평가하고, 다른 사람도 돈으로 평가하는 사람들은 상대의 급여, 경제력에 따라서 가치를 매기게 된다는 것이다.

운전할 때 무의식적으로 상대를 평가하는 사례들이 있다. 이는 아주 흥미로운 실험이었다. 1998년 SBS에서 제작된 〈호기심 천국〉이라는 프로그램에서 시행되었다. 당시 이 프로그램은 교양과 오락을 접목한 교육 · 오락 프로그램으로서 신선하면서도 많은 재미를 주었다. 그래서 높은 시청률을 이끌었다.

호기심 천국에 나온 당시의 참여자들은 도로 위의 운전자들이다. 실험의 조건은 그들 앞에 고가의 승용차, 그리고 저가의 승용차가 정차하게 된다. 이때 차량의 이동을 말하는 초록색 신호 켜졌음에도 불구하고 앞의 차량이 움직이지 않게 된다. 그렇다면 당신은 어떻게 대처할 것인가? 경적을 울릴 것인가? 만약에 울릴 것이라면 얼마나 빨리 울릴 것인가? 실험의 핵심은 운전자들은 자신 앞에 정차하는 차량이 고가인지 혹은 저가인지에 따라서 어떻게 반응하는지를 확인하는 것이었다.

결과는 흥미로웠다. 자신의 앞에 정차한 차량이 고가일 때보다 저가일 때 사람들은 더욱더 많은 경적을 울렸다. 심지어 어떤 사람은 고가의 차량이 출발할 때까지 경적을 울리지 않고 10초 이상 기다려주었다.

모든 사람들이 돈으로 사람을 평가한다고 말하기는 어렵다. 하지만 확실하게 외관적으로 눈에 보이는 차량의 금액에 따라서 우리의 태도 또한 달라진다는 것을 보여주는 실험이었다. 보통 사람들은 의식적으로 그렇게 행동하지는 않는 경우가 많지만, 무의식적으로는 돈으로 상대를 평가하고 행동할 때가 많다는 것을 분명하게 인식시켜주는 장면이었다.

숫자로만 사람을 평가하는 것이 과연 적절할까?

숫자는 분명히 이점이 있다. 어떤 것을 평가하거나 비교할 때 높은 효율성을 보장하기 때문이다. 또한, 객관성이 보장될 수 있다. 이러한 부분들은 특히 대학교 입학이나 취업을 할 때 중요하게 작용한다. 왜냐하면 모두에게 공정한 기준이 제시되어야 하는데, 수량화된 자료를 바탕으로 한다면 정확하고도 공정한 선발 절차를 만들어낼 수 있기 때문이다.

하지만 이러한 과정들이 수년 동안 반복되면서 한계점이 노출되고 있다. 인재들을 선발할 때 단순히 성적과 등급만으로 지원자의 가치를 충분하게 반영하지 못한다는 것이다. 또한, 지원자들도 이러한 평가 방식에 문제를 제기하고 있다. 사실, 일찌감치 선진국에서는 지원자들을 선발할 때 충분하게 그들의 경력 및 활동 사항들을 반영하여 채용해왔다.

우리나라도 이제는 이러한 흐름에 맞춰 대학교 입시에서도 적용하고 있다. 대표적인 것이 바로 '학생부 종합전형'이다. 이는 쉽게 말해 학교생활기록부를 기반으로 한 평가를 뜻한다. 교내의 비교과 활동 역량을 평가하여 지원 전공에 대한 적성과 학생의 인성 등을 평가하는 것이다. 그러니 이전의 객관적인 자료로만 평가하고 선발하는 방식과는 질적으로 다른 방식인 것이다. 이 전형은 2014년 이후로 계속해서 증가하고 있다. 〈한국대학교교육협의회〉에 의하면 2014년에 비해 2018년의 대입 모집 인원이 19.5% 증가하였다. 아마 지금의 흐름으로 보았을 때는 내년에는 더욱더 증가할 추세이다.

이렇게 해마다 대입 모집 인원이 증가하는 이유는 바로 인간의 가치를 깨달았기 때문이다. 즉, 사람을 숫자로만 가치화하고 평가하는 것에 회의를 느끼고 있다는 것을 보여주는 것이다. 이러한 현상의 또 다른 표현으로는 인간이라는 고유의 존재가 가진 고결함이 통용되고 있다는 뜻이기도 할 것이다.

어쨌든 우리나라는 자본주의 사회이다. 이 말은 돈으로 그 사람을 바라보게 만드는 환경에서 살고 있다는 것이다. 내가 이러한 환경에 너무나도 환멸을 느껴 이민을 하지 않는 이상 이런 태도를 무의식적으로 할 수 있는 확률이 높다는 뜻이기도 하다. 그래서 내가 나 자신을 볼 때도 그렇고, 상대를 볼 때도 돈으로 평가할 수 있다는 것을 멋지게 인정해야 한다. 이런 환경에서 살고 있기 때문에 나도 모르게 그런 행동을 충분히 할 수 있다.

중요한 것은 현실은 돈으로 평가하는 사회를 조장하지만 나 자신은 그러한 흐름에 편승하지 말자는 것이다. 이전보다 조금 더 정신을 차려서 내가 나 자신을 돈이나 혹은 등급, 숫자로 평가하려고 할 때 멈추자는 것이다. 그리고 나 자신의 존귀함을 숫자에 대변시키지 말자는 것이다. 이렇게 조금씩 깨어 있는 노력을 할 때 비로소 나는 이 사회에서 성숙한 사람으로 존재할 수 있을 것이고, 또 성숙하고, 인격적으로 대우받는 삶을 살 수 있을 것이다.

물론 이렇게 깨달았다고 해서 그 뒤로 모든 상황이 바뀌는 것은 아니다. 깨달은 후에 돈으로 평가하지 않는 삶을 살려고 하다 보면 이전과는 달라져야 한다. 그런데, 오히려 더욱더 사람들을 평가하는 것 같고, 숫자로 그 사람의 가치를 매기는 것 같아서 속상함을 느끼게 된다. 아직 그 시각이 완전히 내 것이 되지 않았기 때문이다. 법륜 스님은 수행자들을 위해서 다음과 같은 말씀을 하셨다.

"수행을 하다 보면 다 된 거 같아도 아닌 거 같은 상황이 몇 번이고 반복됩니다. 그러나 시간이 지나면 봄날이 오듯, 수행도 꾸준히 하다 보면 좋은 날이 오게 됩니다."

"지금 날이 아무리 추워도 우리는 이미 추운 겨울을 지나 봄으로 가는 중이랍니다."

그렇다. 지금 당장 내가 변하지 않았다고 힘들어하지 말고, 사회가 변하지 않았다면 분노하지 말자. 우리는 이미 봄을 향해 부지런히 걸어 나가고 있다. 오늘 이 내용을 읽고 나름의 깨달음이 있는가? 그렇다면, 그 경험들은 봄날을 더욱더 앞당기는 촉진제가 될 것이다.

내 인생을 위해 가지면 좋은 기준 :
"행복에는 어떤 조건도 필요하지 않다."

파랑새를 찾아 길을 나섰다. 깊은 숲에도 가보고, 강과 계곡에도 가보았습니다. 하지만 그 어느 곳에서도 내가 찾는 파랑새는 존재하지 않았습니다. 그렇게 나는 낙심한 상태로 터덜터덜 집으로 왔습니다. 그런데, 이게 왠일일까요? 파랑새는 바로 우리 집 지붕 위에 앉아 있었습니다.

위 이야기는 파랑새 이야기다. 파랑새는 우리가 바라는 '행복'이다. 아이러니하게도 그토록 찾아 헤매고 있던 행복은 바로 내 옆에 있었다. 그러나 이 행복이 바로 옆에 있음에도 불구하고 우리는 매일 아침 찾아 나선다. 그것도 부지런히.

이렇게 열심히 행복을 찾아 나서는 이유는 조건적 행복론을 갖고 있기 때문이다. 자신이 생각하는 어떤 조건이 되어야 행복하다고 생각하는 것이다. 그 말인즉슨, 그 조건이 충족되지 않으면 우리는 영원히 행복할 수 없다는 말과 같다. 예를 들어, "나는 연봉 8천만 원이 되어야 해."라는 조건적인 행복론을 유지하고 있다면, 연봉 8천만 원이 되기 전까지 내 삶에 행복은 존재할 수 없는 것이 된다. 그 과정 중에 만약 행복하다고 하더라도 그것은 자기 합리화에 불과한 행복으로 치부된다.

또한, 그 조건을 달성시켰다 하더라도 그 기쁨이 얼마나 갈까? 그 기쁨이 일시적인 현상으로 나타날 뿐 든든한 내 자산이 되지는 못한다. 아마도 그 조건이 있던 자리에는 또 다른 조건들이 대체될 것이다. 이런 악순환이 반복되니 행복이 끼어들 틈이 없다. 자꾸 도망가는 파랑새를 욕할 것이 아니라 나 자신이 파랑새를 쫓아내고 있지는 않은지 살펴볼 일이다.

슬픈 일이다. 누군가 그랬다. 인간이 태어난 이유는 행복하기 위해서라고. 사실, 우리가 행복하기 위해서는 그 어떤 조건이 필요하지 않다. 나 자신의 존재만 놓고 보더라도 행복하지 않을 이유가 없다. 나 자신은 세상의 그 어떤 것으로도 대체할 수 없다. 세상의 그 수많은 사람 중에 나와 동일한 사람이 있는가? 그렇지 않다. 모든 사람이 다르다. 그래서 나라는 사람은 'Only one'이다. 이 세상에서 유일무이한 사람이다. 그래서 자신은 고귀하다.

이런 안정적인 행복이 보장되는 삶 속에서 조건적 행복이 성취된다면,

우리는 좀 더 풍부한 삶을 살아 나갈 수 있는 것이다. 우리가 어떤 것을 추구하다가 좌절했을 때 다시 일어나지 못하는 이유는 안정적인 행복이라는 밑천이 부족하기에 무기력하게 되어버리는 것이다.

그러니 행복에 더 이상 조건을 달지 말자. 지금 내가 이 세상에 존재하는 것만으로도 우리는 행복할 수 있다.

05 성공해야 행복한 줄 알았다

성공은 행복의 열쇠가 아니다. 그러나 행복은 성공의 열쇠다.
– 시스니 셀던

성공은 곧 행복이라는 착각 속에서 살고 있다

성공하면 행복해질 수 있을까? 이 질문은 우리에게 단순하면서도 심오한 질문이다. 왜냐면 사람들의 삶과 직접 맞닿아 있는 질문이기 때문이다. 평생을 열심히 살았지만, 결국 성공하지 못하는 사람들도 있고, 큰 노력을 하지 않았지만, 단시간에 성공하는 사람들도 있다. 어쨌든 어떤 방식이 되었든 우리는 모두 예전에도 그랬고, 지금도 그렇고, 앞으로도 그렇듯 자신만의 방식으로 성공을 위해서 부지런히 달려나가고 있다.

이렇게 많은 사람은 자신만의 성공을 중요하게 여기고 있다. 그래서 때로는 성공을 위해서라면 무엇이든 하는 경우도 생긴다. 요즘 현대인들의 모습에서도 심심찮게 볼 수 있는데, JTBC의 드라마 〈SKY 캐슬〉에서 자녀들의 성공을 좇는 학부모들을 보여준다. 작가가 그려내는 캐릭터들은 모두 다 하나같이 자녀들의 성공 즉, 명문대 입학을 위해서 어떤 일들도 불사하는 노력을 보여주고 있다. 때로는 그 노력이 처절해 보일 때도 있다. 왜냐면 자녀의 성공이라면 자신의 신념도 버릴 수 있고, 치졸한 행동을 보여주며, 심지어 무릎을 꿇는 것도 감수하기 때문이다. 어떻게 보면 자녀에 대한 사랑이 정말 지고지순하다고 볼 수도 있겠지만, 또 한편으로는 성공, 탐욕에 대한 욕망의 노예라는 시각으로 보일 수도 있기 때문이다.

극 중에서 압권은 공부에 대한 동기와 효율을 높이기 위해서 부모에 대한 분노를 이용하는 장면이다. 입시 코디네이터인 김주영은 명문대 합격률 100%를 자랑하는 전문가이다. 그녀는 스카이캐슬의 박영재 학생을 코디했고, 명문대에 합격시켰다. 하지만 그 합격의 배후에는 엄청난 비밀이 숨어 있었다. 학생의 분노 감정을 이용하여 합격시킨 것이다. 즉, 공부를 강요하는 부모님에 대한 복수심을 이용하여 공부의 동기를 높인 것이다. 그러니까 극 중 박영재가 자신이 열심히 공부하는 이유는 부모에게 복수하기 위해서이다. 이렇게 명문대에 입학한 것이 얼마나 의미가 있을지에 대한 의문을 낳는 장면이었다. 이는 결국 가정파탄의 비극을 초래하게 되었다.

이런 문화에 대해서 쉽게 이해하기 힘들다. '어떻게 그렇게까지 공부를 시킬 수 있을까?'라는 의문을 품게 된다. 정말 자녀의 성공을 위해서라면 무엇이든 하는 부모들의 모습이 놀라우면서도 이해가 된다. 사실 많은 사람이 각자의 영역에서 성공에 대한 열망을 품고 있기 때문이다.

어쨌든 확실한 것은 그들이 그렇게 최후의 선택까지 하게 되는 이유는 성공하면 행복할 것이라는 생각이 있기 때문이다. 우리들도 마찬가지다. 모든 힘듦을 감수하면서도 성공하면 지금 경험하는 고통은 사라질 것이고, 행복만 존재하리라 생각하기 때문에 인내하며 견뎌내는 것이다.

하지만 성공이 무조건 행복을 가져다준다는 믿음과는 반대되는 이야기들도 분명 존재한다. 즉, 성공은 곧 행복이라는 생각이 100%는 아니라는 것이다.

대학생들에게 있어서 가장 중요한 것은 바로 취직일 것이다. 취직 중에서도 성공했다고 표현하려면 바로 대기업에 입사해야 한다. 이는 자타가 공인하는 사회적 성공의 기준이다. 그래서 이력서를 수백 통이나 쓴다는 말이 과거에는 놀랍게 들렸지만, 이제는 더이상 놀라운 경험이 아니라 당연히 그 정도는 해야 한다는 관념이 생기고 있을 정도이다. 이렇게 모두가 바라는 대기업에 입사한 후에 행복을 느끼는 사람도 있지만, 아닌 사람들도 있다.

대학교 시절 함께 다녔던 친구가 있다. 그 친구는 모두가 바라는 꿈의 대기업에 입사하였다. 연봉은 말할 것도 없고, 탄탄한 직원 복지가 제공된다. 그리고 취직 이후에 모두의 선망 대상이 되었다. 결혼 적령기가 되면서 선 자리가 물밀 듯이 들어오고 있다. 이런 모습들을 보면 모든 사람의 부러움의 대상이 되고 있다. 나 또한 그를 보며 부러움을 느꼈다.

하지만 정작 그의 내면은 행복하지 않았다. 심지어 우울하고, 죽고 싶다는 생각까지도 했었다는 것이다. 사실, 그도 대기업에 입사하기 위해서 수많은 노력을 했다. 그래서 입사 후에 누리게 되는 많은 것들이 그동안의 보상으로 여겨져서 정말 행복했다고 하였다. 하지만 입사 1년이 지나게 되면서 무리한 근무 시간에 힘겨워하고 있었다. '월화수목금금금'을 계속해서 강조하며, 신체적으로 힘든 회사 생활에 지쳐 있었다. 평일은 기본적으로 야근을 해야 하고, 주말에도 오후에 나와야 한다는 것이다. 그래서 아무리 건강했던 몸도 이제는 더 버텨내기 힘들다는 것이다. "대기업에 입사 후 분명히 수입이 많은 것은 사실이다. 그렇지만, 그 돈을 받는 만큼 자신의 삶과 행복을 담보로 일하고 있다."라는 그의 말이 내 귓가에 계속해서 맴돌았다.

이렇게 힘든 생활을 이제는 접고 퇴사하고 싶다고 하였다. 자신의 판단으로 힘들다고 생각되면 나오는 것이 옳은 생각이다. 하지만 그는 할 수 없었다. 왜냐면 결혼도 했고, 자신이 책임져야 할 가정이 있기에 쉽게 그만둘 수도 없는 노릇이었다. 그는 더 이상 어떻게 할 수 없는 사면초가에 빠진 모습이다. 그래서 그를 보며 많은 감정을 느낄 수 있었다.

사회는 계속해서 성공해야 행복하다고 주입하고 있다

최근 혜민 스님의『멈추면 비로소 보이는 것들』이라는 책이 베스트셀러가 되어 많은 사람에게 알려졌다. 이 책이 많은 대중에게 사랑을 받았던 이유는 무엇일까? 사회는 계속해서 앞만 보고, 달려나가라고 말하고 있다. 목표는 돈, 명예, 사회적 지위 등을 쟁취하는 것이다. 즉, 성공의 기준이 획일화된 것이다. 그리고 그것이 곧 올바른 삶이라고 마치 알려주고 있는 것 같다.

하지만 그러한 사회의 흐름 속에서 많은 대중은 지쳐있다. 우울하고, 불안하며 고통을 경험하고 있다. 그러나 그들은 경험들은 쉽게 위로받을 수 없다. 위로받을 수 있는 곳도 없다. 사회의 흐름과는 반대되기 때문에 솔직하게 털어놓으면 오히려 공상을 떤다며 조롱받을 수 있기 때문이다. 이런 사회의 흐름에 지쳐 있는 상황에서 혜민 스님의 책은 우리에게 오아시스가 되어준 것이다. 따뜻한 위로와 공감의 언어로 지금의 내 삶도 충분히 괜찮다는 것을 말해주고 있다. 그래서 그 책은 많은 사람에게 읽혔고, 시대적 흐름상 베스트셀러가 될 수밖에 없었다.

나는 상담을 통해서 많은 위로와 공감을 얻었다. 상담을 받아보기 전에 나는 사회가 말하는 성공을 곧 신이라고 생각하고 여겼다. 사회에서 말하는 성공의 기준을 비판 없이 그대로 받아들인 것이다. 그리고 그것이 정말 옳은 삶이라고 여겼다. 그 삶은 내가 원하는 것이라고 착각하며 살아온 것이다.

하지만 어느 순간부터 내 삶에 허무함이 밀려오기 시작했다. 항상 무엇인가를 위해서 노력하고, 추구하며 살아왔다. 그 과정에서 남는 것은 결국 성공이 아니라 혼자였다. 성공을 위해서라면 무엇이든 하겠다는 생각이었기 때문에 나의 성공과 관련 없는 인간관계는 자연스럽게 정리하며 살아왔고, 인간관계의 폭도 자연스럽게 좁아지고 있었다. 내 주위에 사람들은 있지만, 심리적으로는 홀로 남겨진 것이었다.

상담을 통해서 나의 허무함의 원인을 알게 되었고, 그 과정에서 많은 공감을 얻었다. 나의 상담자였던 대화 스님은 철저히 현실에 기반을 둔 공감과 위로를 해주셨기에 더욱더 힘을 얻을 수 있었고, 지금의 내가 될 수 있었다. 무엇보다 상담을 통해서 성공의 기준, 가치를 전환하게 되는 경험을 하게 되었다. 이전에는 경제적 부유함과 소유를 성공의 기준으로 정했었다. 하지만 상담 이후로 나는 경제적 부유함과 나눔을 성공의 기준으로 바꿨다. 책을 쓰고 있는 지금도 이 기준은 여전히 유효하다. 무엇보다 행복하게 살고 있다는 말이 자연스럽게 나온다. 예전에는 억지로 끌어올려서 대답하거나, 그렇지 않다고 답할 때가 많았다. 그리고 삶에 대해 감사한 마음도 느끼며 풍요롭게 삶을 즐기고 있다.

자신의 성공 기준에 대해서 자문해봐야 할 때이다. 사회적 성공의 기준이 잘못된 것은 아니다. 하지만 그 기준으로 인해서 피곤함을 느끼고 저항감을 느끼고 있다면 분명히 자신의 삶을 돌아봐야 한다.

'나의 성공의 기준. 이대로 괜찮은가?'
'내가 성공한다고 해서 정말 행복할 수 있을까?'

국내 1위 배달 앱 '배달의 민족'의 김봉진 대표는 3년 동안 개인 지분을 처분하고, 100억 원을 사회에 환원한다고 밝혔다. 분명 그의 행보는 사회가 말하는 성공의 기준과는 다르다.

정답은 없다. 성공의 기준은 내가 정하는 것이다. 문제는 성공의 기준을 정할 때 너무 편협한 세상만을 보고 정하지 말자는 것이다. 우리가 편협한 시각을 갖고 있을수록 행복감도 편협해지기 때문이다.

06 그 누구도 완벽하지 않다

당신이 완벽함을 조준한다면, 그것은 움직이는 과녁이라는 것을 알게 될 것입니다.
– 조지 피셔

완벽함 자체가 문제라기보다
그 과정을 추구하며 지금을 살지 못하는 것이 문제이다

KBS의 〈안녕하세요〉라는 프로그램에서 모자가 서로 이해를 하지 못하고 속상해하는 모습들이 소개되었다. 그 내용은 아들이 33세이지만, 도대체 취업할 생각을 하지 않는다는 것이다. 일반적으로 우리나라 사회에서 33세라면 직장은 물론이고, 결혼도 했을 것이라고 짐작하게 하는 나이이다. 더군다나 어머니는 베이비 부머 세대이기 때문에 33세의 나이는 더욱더 어른이 되어 있어야 할 나이라고 생각하기 쉽다. 하지만 아들은 아직 미술학원 아르바이트를 전전하며 38만 원 정도의 수입으로 생활을 이어가고 있다. 그 과정에서 그는 여전히 꿈꾸고 있다. 그 꿈은 웹툰 작가이다. 그에게 있어서는 사실 미취업 상태가 문제가 아니었다. 무엇보다 웹툰 지망생으로 있으면서 완성작이 없다는 것이다. 그는 너무 완벽한 성향 때문에 계속해서 지망생으로만 존재하고 있었다.

출연한 게스트들은 청년의 마음이 이해되면서도 부모의 마음도 안타까워했다. 그래서 이 청년에 대해서 함부로 말을 하기 어려운 상황이었다. 의견이 분분했다. 어서 취업을 해야 한다는 입장과 아니면 꿈을 계속해서 유지해야 한다는 의견이 팽팽했다. 정답은 없다. 이 문제는 어떤 관점으로 보느냐에 따라서 다르게 해석될 수 있기 때문이다. 나중에 주인공은 꿈을 유지하되, 부모님께 돈을 받지 않는 것을 목표로 설정했다.

완벽해지려고 하는 것은 좋은 태도이다. 자신이 부족한 것이 있으면, 그것을 더 보완하고, 좋은 점이 있으면 더욱더 강화한다면 자신은 물론, 다른 사람들이 보기에도 좋을 것이다. 하지만 완벽해지려고 하는 태도는 여러모로 자신을 힘들게 한다. 그래서 심리상담을 하면 의외로 많은 사람이 완벽해지려는 태도로 인한 고통을 호소하는 것을 경험하게 된다.

그들의 겉모습에는 완벽주의적인 모습들이 나타나는 경우도 있지만, 그렇지 않은 경우도 있다. 하지만 내면에서 일어나는 일들을 보면 그들이 고통을 겪고 있다는 것을 확실하게 알 수 있다. 가장 중요한 특징은 자신에게 엄격하고, 각박하며, 냉정하다는 것이다. 또한, 때로는 고지식한 면도 있다.

예를 들어, 어떤 학생의 경우 중간고사를 열심히 준비하여 시험을 봤다. 이후에 그 결과를 확인해보니 최상위권의 성적을 유지하게 되었다. 하지만 그의 표정은 전혀 밝지 않다. 오히려 침울한 표정에 더 가깝다. 그 이유를 조심스레 살펴보면 그의 내면에서는 스스로에 대한 비판이 매우 컸음을 알 수 있었다.

이처럼 그들의 내면은 사막 한가운데에서 물 한 방울조차 없는 곳에 존재하는 심정이다. 그리고 그들은 고지식한 면이 있기도 하다. 적당히 융통성을 발휘하기가 어려운 성향을 가진 사람들인 것이다. 자격증 준비를 위해서 책 한 권을 섭렵해야 한다고 치자. 그러면 그들은 첫 장에서 제대로 이해되지 않으면 넘어가지 못한다. 완벽하게 이해되어야 마음이 편해지기 때문이다. 물론 그렇게 공부하는 방식이 나쁜 것은 아니다. 모두 자신만의 방식이 있기 때문이다. 하지만 시험을 목전에 두고 아직도 첫 장을 닳도록 공부하고 있다면? 주변 사람들은 이런 모습을 어떻게 받아들여야 할까?

완벽해지려고 노력하지만 그 노력을 할수록 자신이 더 힘들어지고 있음을 확인할 수 있다. 마치 늪과 같다. 성과는 보이지 않으니 더욱더 불안하고 초조함만 커진다. 또 다른 사람들과 비교도 된다. 그러면 더욱더 완벽주의적인 성향은 견고해진다. 결국 나만의 성을 쌓다가 끝나는 것이다.

완벽해지려는 태도는 자신뿐만 아니라 주위 사람들도 힘들게 한다. 이전에 소개했었던 학생의 얘기를 이어서 해보자면, 그 학생은 분명 최상위권의 학생이다. 하지만 시험문제 1개를 놓쳤다는 이유로 세상의 모든 고통을 안고 있는 것처럼 보인다면? 과연 주변 사람들은 어떻게 볼까? 아마도 '꼴불견'이라고 말하기 십상이다. 혹은 '재수 없다.'라는 표현을 듣기 딱 좋다.

또한 그들은 자신에 대한 기준을 다른 사람을 대할 때도 적용한다. 그래서 그 기준에 들지 못하게 되면 나약하거나, 가치 없는 존재로 인식한다. 내면에서 각박한 상황을 계속해서 경험하는 것처럼 외부에서 인간관계를 할 때도 각박한 상황이 반복되는 것이다. 그러니 주변 사람들은 그들을 대하는 것이 어려울 수밖에 없다. 결국, 자연스럽게 인간관계는 좁아질 수밖에 없고, 나중에는 결국 혼자 있게 되는 상황이 초래되는 것이다.

사실, 그들은 스스로가 불완전하다는 것을 인정하기 힘들어한다. 그래서 그 불완전한 모습들이 다른 사람들에게 비치는 것이 두려운 것이다. 그 모습이 혹시라도 발견되면 모든 세상이 무너진 것처럼 느끼게 된다.

사실, 겉은 매우 강하고, 바늘로 찔러도 피 한 방울 나오지 않으리라 생각하지만 내면에는 너무도 여리고 여린 자아가 사는 것이다. 그래서 그들은 관계할 때 갑옷에 갑옷을 껴입게 된다. 그런 행동이 완벽함으로 나타나는 것이다.

역설적으로 불완전함을 인정할 때 우리는 더욱 강해질 수 있다

사람은 완벽할 수 없다. 불완전한 존재이다. 하지만 그것을 인정하지 않고 끊임없이 완벽을 추구한다. 사회도 완벽을 끊임없이 추구한다. 『어린 완벽주의자들』의 저자 장형주는 학생들과 청년들은 모두 다 사회가 요구하는 완벽함에 고통받고 있다고 하였다. 입시와 취업이라는 전쟁에서 살아남고자 발버둥 치고 있는 모습인 것이다. 무엇보다 사회가 요구하는 조건을 모두 다 갖춘다고 해도 전혀 행복하지 않다는 것을 강조하고 있다. 그래서 그는 독자들에게 현실을 담담하게 직시시키면서 다음과 같은 말을 남긴다.

'완벽주의란 바닷물을 마시는 것과 같다. 마실수록 갈증이 심해질 뿐이다.'

인정하고 싶지 않지만, 동의할 수밖에 없는 말이다. 아마도 추측건대,

인정하고 싶지 않은 마음이 클수록 자신이 그러한 삶을 살아왔을 가능성이 크리라 생각된다. 모두 다 어딘가 잘못되었다는 것을 알면서도, 우리들이 언젠가부터 모르게 병들어 있다는 것을 알면서도 모른 체하고 눈앞의 삶에 급급해서 또 살아가기 바쁘다. 그러면서 나 자신을 돌아보는 기회를 계속해서 놓쳐왔다.

무엇보다 중요한 것은 완벽해지려는 태도가 취하는 문제는 감정이다. 앞서 말했듯 그 자체가 문제라고 생각하지는 않는다. 그것은 사람에 따라서 좋게 작용할 수도 있고, 부정적으로 작용할 수도 있기 때문이다.

완벽해지려는 경향을 가진 사람들은 내면에서 불안한 마음을 늘 갖고 있다. 그 불안한 마음은 어릴 적 부모와의 관계 속에서 시작된다. 어린아이는 부모에게 자신의 욕구를 마음껏 표출하지만 부모 혹은 주 양육자가 너무 인색하거나 강압적으로 아이의 욕구를 통제해서 문제가 생기는 것이다. 이는 나중에 성인이 되어서 그대로 나타난다. 어릴 때 부모에 의해 경험했던 욕구 결핍을 사회생활을 하면서 충족시키려 한다. 그래서 많은 상황에서 자신이 통제하려 한다. 이런 대표적인 모습이 깨끗함에 대한 강박이다. 이외에도 수많은 모습으로 다양하게 나타나는데, 핵심은 상황을 자신이 통제하려고 하는 것이다. 그래서 그에 어긋나면 관계가 무너지고, 자신도 무너지는 것이다.

사람은 완벽할 수 없다는 것을 제대로 인식하자. 완벽함을 추구할수록 우리는 헤어나올 수 없는 늪에서 허우적거리게 된다. 지금이라도 늦지 않았으니 정신을 차리고 자기 자신을 늪에서 구출하자.

잠깐 멈춰 서서 돌아보자. 그리고 자문해보자.

'도대체 내가 완벽함을 통해서 얻고자 하는 것이 무엇일까?'

완벽함은 연약해진 내면을 감추기 위한 수단일 뿐이다. 우리가 그만둬야 할 것은 완벽한 태도가 아니라 울고 있는 나의 감정을 외면하는 것이다. 너무 늦지 않게 불안한 내 감정을 돌아봐주자. 당신을 오랫동안 기다리고 있었을 것이다.

07 나를 사랑하는 것이 어려운 이유

내가 성공을 했다면, 오직 천사와 같은 어머니 덕이다.
– 에이브러햄 링컨

우리는 부모-자녀 관계 속에서 사랑을 배운다

모든 것들의 시작은 부모 관계이다. 부모와 자녀의 관계에서 모든 인생이 결정된다고 봐도 무방하다. 심리학적으로 볼 때, 이 관계 속에서 자신의 성격과 능력 등이 발달하고 형성된다. 그렇지만, 좀 더 큰 관점으로 본다면 부모 관계 속에서 자녀들의 인생이 결정된다고 볼 수도 있다. 왜냐면 그 안에서 형성된 성격과 능력, 자존감, 힘 등을 자신의 인생을 살아 나갈 때 발휘할 수 있기 때문이다.

하지만 부모와 자녀의 관계 질이 나쁘게 형성이 되었다면 자신이 아무리 좋은 DNA를 지니고 있더라도 그 유전자가 충분히 발휘되지 못한다.

나쁜 부모 관계 속에서 그 능력들이 굳어버리기 때문이다. 무의식적으로 '나는 아무것도 할 수 없어.', '나는 실패할 거야.' 등의 생각들이 자리 잡아버리기 때문에, DNA에 잠재해 있는 능력들이 굳게 되는 것이다.

특히, 부모와 어떻게 상호작용을 했는지가 큰 영향을 미친다. 시간상으로는 어릴 때만 한정되지만, 이때 상호작용했던 방식이 평생에 걸쳐 나타난다. 즉, 자신이 어딜 가든 인간관계를 할 때 자기 자신 및 다른 사람을 대하는 방식으로 나타난다는 것이다. 그래서 심리학에서는 어릴 때의 부모와 자녀의 상호작용 방식이 매우 중요하다고 생각하는 것이다. 한편 나중에 이러한 부분을 깨닫고 고치려면 시간적으로나 경제적으로 많은 투자가 필요해진다. 그래서 그런 차원에서라도 이 관계의 중요성을 아무리 강조해도 지나치지 않다.

우리나라는 문화적으로 볼 때, 감정을 중요하게 생각하지 않는다. 그래서 자녀를 양육할 때도 감정과 관련된 부분에 있어서 소홀히 하는 경향이 많다. 하지만 이는 나중에 자녀의 성격 형성과 스트레스 관리에 큰 영향을 미치게 된다. 어릴 적 부모와 관계했던 방식을 그대로 사용하기 때문이다.

한번은 운영 중인 카페에서 부모-자녀 소통을 주제로 컨설팅 요청이 들어왔었다. 한 어머니께서는 집에서 자녀들과 소통을 할 때 큰 어려움을 겪는다고 하셨다. 주로 양육할 때 어떻게 소통해야 할지 감이 잡히지 않는다고 하셨다. 자녀는 현재 초등학교 3, 4학년 정도 되었는데, 대화를 거부하거나, 대화하더라도 자꾸 뭔가 있는 속내를 말하려고 하지 않는 것 같다는 것이었다. 그래서 아이의 얘기를 좀 더 듣고자 자리를 계속해서 마련했지만, 그럴 때는 아이가 더욱더 도망하고, 오히려 입을 닫는 것 같아 답답하다는 것이었다.

나는 부모-자녀 얘기에 초점을 두기보다 어머니의 삶에 초점을 두었다. 그리고 평소에 스트레스를 어떻게 푸는지, 화가 나면 어떻게 반응하는지 등을 하나씩 여쭤보았다. 그랬더니 어머니께서는 평소에 어떤 일이 있으면 웬만하면 스스로 처리하려고 하셨다. 특히 감정적인 부분에서는 철저하게 억압하는 방식을 취하셨다. 나는 모든 것이 여기서부터 시작된 것으로 생각했고, 어머니의 말씀에 더 귀를 기울였다. 그리고 나중에는 어머니의 어릴 적 시절도 들을 수 있었다. 그 어머니께서는 자랄 때 감정적인 부분을 보이면 혼날 때가 많았다고 하셨다. 그러면서 자신도 모르게 지금의 자녀를 양육할 때 조금이라도 울거나, 감정적으로 크게 동요되는 부분을 보이면 매를 들었던 것이었다. 그래서 아이들은 감정적으로 표현하고 싶은 것이 있더라도 안 하게 되었고, 하고 싶더라도 참게 되는 반응을 보였다.

이렇게 감정적으로 억압을 당하는 관계 방식을 익히게 되었다면, 당연히 어머니에게 사랑이라는 감정도 느낄 수가 없었을 것이다. 사랑이라는 것은 단순히 언어적으로 '사랑한다.'라고 말로만 표현되는 것이 아니라 가슴으로 느껴야 진짜 사랑이라고 할 수 있다. 하지만 이렇게 감정적으로 단절된 관계 방식을 익혔으니 어릴 때는 물론이고, 성인이 되어서도 자기 자신을 사랑하는 것이 그 어떤 것보다도 어려운 일일 것이다.

사랑에는 조건이 필요하지 않다

조건은 계약 조항을 검토할 때만 필요하다

늘 조건을 걸고, 관계하는 방식도 마찬가지다. 이러한 관계 방식을 취하는 사람들은 어릴 때부터 부모와 관계를 할 때, 조건적으로 사랑을 받아왔다. 반대로 말하면 이들은 있는 그대로 자신을 사랑할 줄 모르는 사람들이다. 항상 어떤 조건에 만족하고 충족되어야 스스로든, 타인을 사랑할 수 있게 되는 것이다.

이런 관계 방식은 연애할 때 확실하게 나타나게 된다. 그리고 연애보다 좀 더 선택의 중압감이 큰 결혼을 할 때는 더욱더 확실하게 나타난다. 상대를 볼 때 조건을 따진다는 것이다. 물론 인생의 큰 중대 과제를 앞둔 것이기에 현실적인 관점에서 서로를 탐색하는 것은 중요하다. 하지만 심리적으로 어릴 때 조건적인 사랑을 받고, 그것이 사랑이라고 느끼는 사람들은 연인을 만날 때 확실한 조건에 부합되어야 마음이 움직인다. 그것이 바로 핵심이다.

자신이 걸어둔 조건에 부합되지 않는 상태에서도 충분히 결혼은 할 수 있다. 하지만 결혼 생활에 있어서 스트레스 상황에 직면하게 될 때, 더 쉽게 싸울 수 있고, 부부관계의 질이 떨어질 수 있다. 그러니까 그냥 넘어갈 수 있는 일도 더 쉽게 싸울 수 있다는 것이다.

이렇게 상대를 조건적으로 바라본 눈은 사실, 자기 자신에게 있어서도 그대로 사용된다. 이 말은 연인을 볼 때만 조건적으로 보는 것이 아니라 이미 평소에 자신을 조건적으로 바라보며 살아왔다는 뜻이다.

스스로 완벽주의로 힘들어하는 사람들이 보통 경험하는 일들이다. 이들은 자신이 생각하는 기준이 있다. 그리고 그 기준을 달성하기 위해서 정말 큰 노력을 한다. 이들의 내면에는 불안이라는 감정이 계속해서 흐르고 있다. 그래서 이들은 성공과 꿈을 위해서 노력하는 것이 아니라 그 기준을 성취하고 달성하려고 온 힘을 다하는 것이다. 그리고 그 기준에 도달하지 못하게 되면 엄격한 자기비판을 하게 된다. '넌 역시 안 돼.'라고 시작해서 '넌 그 정도밖에 안 되니?'라는 말까지 다양하다. 그들의 머릿속에 비판자가 수십 명이 사는 것처럼 느껴진다.

이렇게 심리적으로 고통을 겪는 이유는 바로 어릴 적 경험 때문이다. 어릴 적 부모님들이 자신에 대해서 기대치를 높게 잡고 있었으며, 기대에 부응하지 못할 때는 강한 비판을 해왔다. 그래서 늘 부모들은 자신의 통제 아래 자녀를 두려고 하므로 자녀들은 매일같이 불안을 느낄 수밖에 없다. 결국 이들은 자기 자신을 사랑하는 것은 곧 조건 달성이라는 공식이 무의식적으로 가슴에 새겨지는 것이다.

욕심도 자기 사랑을 방해하는 데 한몫을 한다. 사실, 욕심은 인간의 근본적인 욕구 중의 하나이다. 그래서 이 욕심이 없다면, 지금의 우리가 없다. 왜냐면 이 욕심으로 인해서 우리가 조금이라도 더 생각하고, 행동해서 원하는 것들을 얻기 때문이다. 인간의 삶을 연장하기 위해서 매번 감나무 밑에서 입을 벌리고 감이 떨어지기만을 바라는 것은 말이 안 되기 때문이다. 물론 그렇게 사는 방법도 있겠지만, 현실적으로 어려운 일이다. 욕심은 우리가 많은 것들을 얻게 하고, 또 사회가 발달해가도록 기여하기도 한다. 지금 시대에서 경험하고 있는 많은 변화는 인간의 욕심이 없었다면, 존재하지 않았을 것이다.

하지만 이 욕심은 때때로 자신을 사랑하는 데 큰 방해물이 된다. 왜냐면 이 욕심은 이미 가진 것에 눈을 멀게 하고, 만족하는 느낌을 빼앗아간다. 그리고 더욱더 많은 것과 다양한 것들을 갖도록 만든다. 그래서 자신이 현재 있는 그대로 충분히 멋지고, 좋은 사람이라는 것을 망각하게 만든다. 그리고 자신이 없는 것을 가진 사람과 자신을 비교하도록 만든다. 그래서 그것을 갖고 있지 않은 자신이 열등감을 느끼도록 만든다.

학부 시절 경험했었던 일이다. 나는 당시 성격적으로 좀 우울한 성향을 보이며, 사교성도 떨어지는 편이었다. 그래서 스스로가 그러한 모습을 보이는 것에 답답함을 느끼면서도 아쉬움을 많이 느꼈다. 그러다가 한 명의 지인을 알게 되었다. 봉사활동을 하며 알게 된 학생이었다. 그 학생은 나보다 성격도 밝고, 평소 자기 생각이나 행동에 대해서 늘 자신감에 차 있었다. 그리고 사람들과 관계하는 모습도 꽤 호탕한 면이 있어서 많은 사람을 즐겁게 해주며, 인기도 많았다. 나는 그 학생을 보며 속으로 질투를 많이 했었다. 그 질투는 점점 쌓이고 쌓였다. 그리고 나에게 피해를 준 것도 아닌데, 나는 그 학생을 피했다. 왜냐면 그 학생을 볼 때마다 나의 초라한 모습을 보도록 만들었기 때문이다.

'재는 저렇게 멋진 성격을 가졌는데 왜 나는 아닌 거지?'

본격적으로 배우면서 그것은 결국 내 열등감이 문제였다는 것을 알게 되며 나는 자유로워질 수도 있었다. 하지만 사람의 마음이라는 것은 쉽게 바뀌지 않는다. 요즘도 계속해서 내게 없는 것을 가진 사람들을 보면 마음속에서는 질투의 화신이 얼굴을 드러낸다.

심리학을 하게 되면서 부모와 자녀 관계가 얼마나 중요한지 늘 깨닫는다. 시간의 흐름에 따라서 계속해서 깨닫고 또 깨닫는다. 이쯤이면 그 중요성을 깨달았다고 생각하지만 시간이 지나 보면 아니다. 그만큼 부모와 자녀의 관계는 중요하다.

나를 사랑하지 못하는 이유는 바로 여기에서 시작된다. 많은 이유들이 대중에게 소개되고 있지만, 핵심은 바로 부모와 자녀의 관계이다.

내 인생을 위해 가지면 좋은 기준 :
"성공은 아주 사소한 것부터 시작된다."

성공이라는 말을 떠올리면 무엇이 떠오르는가? 돈, 집, 차, 명예, 권력 등과 같은 것들이 떠오를 것이다. 그렇다면, 좀 더 구체적으로 질문을 해보면, 이것들을 얼마나 가져야 성공이라고 말을 할 수 있을까? 돈을 예로 들어보면, 1억 원? 그것도 아니면 10억 원?

그 기준은 사람마다 다를 것이다. 즉, 절대적인 기준은 존재하지 않는다는 것이다. 이 말은 내가 어떻게 보느냐에 따라서 우리는 얼마든지 자신의 삶을 성공한 삶으로 볼 수도 있고, 실패한 삶으로 볼 수도 있다는 것이다. 그럼에도 불구하고 우리가 크고, 거창하고, 화려한 것만이 성공이라고 생각하는 이유는 그런 것들이 매우 자극적이기 때문이다. 그리고 무엇보다 우리의 잠자고 있는 욕망을 흔들어 깨우기 때문에 더욱더 기억에 남는다. 그래서 뭔가 엄청난 것이어야만 성공이라고 생각하기 쉽다.

사실, 성공은 아주 작은 것에서부터 시작한다. 성공자들의 삶을 살펴보라. 공통적인 점이 있다. 초라하기 그지없던 시절을 갖고 있다. 만약 그 시절이 없었다면, 그들에게 성공도 없었을 것이다. 우리가 타인의 성공을 볼 때는 그들의 결과물만 본다. 그러다 보니 우리가 접하는 결과물이 있기 전까지의 과정들을 간과하기 쉽다.

그러니 우리에게 필요한 것은 지금 내 앞에 있는 매우 사소한 것, 평범한 것, 심지어 의미가 없어 보이는 것일지라도 그것은 곧 성공이라고 의미를 부여하는 것이다. 허무맹랑한 낙천주의라고 생각이 되는가? 그렇지 않다.

우리는 이렇게 작은 성공들이 기반이 되어야 비로소 큰 성공을 맞이할 준비가 되는 것이다. 이렇게 작은 성공들을 충분히 경험하지 않은 채 큰 성공을 맞이하는 것은 불안정한 행복을 맞이하게 되는 것이다. 복권 당첨이 된 사람들이 행복하기보다 오히려 더 불행함을 경험하게 되는 이유도 바로 이것 때문이다. 준비되지 않은 성공이었기 때문이다.

일상을 성공으로 여길 때, 비로소 큰 성공을 맞이할 자격을 갖추게 될 것이다.

2장

나는 왜 '사람'이 가장 어려울까?

01 감정은 담는 것이 아니라 덜어내는 것이다

우리의 일상생활에서 가장 조심해야 할 것은
사소한 감정을 어떻게 처리하느냐 하는 문제다.
사소한 일은 계속 발생하며 그것이 도화선이 되어
큰 불행으로 발전하는 일이 적지 않기 때문이다.
– 알랭

건강의 척도는 감정 표현에 달려 있다

지금 당장 눈을 감아보라. 그리고 오늘 내가 느꼈던 감정을 떠올려보라. 1분 이내에 몇 개나 떠올릴 수 있을 것 같은가? 3개? 7개? 아니면 10개? 아마도 10개를 떠올릴 수 있는 사람은 드물 것이다. 만약 10개를 떠올리는 사람이 있다면, 그 사람은 생각 단어를 감정 단어로 착각하고 사용했을 가능성이 높다.

이 내용은 어느 다큐멘터리 프로그램에서 진행된 간단한 실험 내용이다. 실험에 참여한 대부분의 사람은 평균적으로 3~5개의 감정 단어를 표현했다. 이 정도의 감정 단어 숫자는 많은 것일까? 심리학자들마다 감정을 정의하는 것에 따라서 다른데, 최소 50가지의 감정의 종류가 존재한다.

최소 50가지의 감정 단어가 존재한다는 것을 미뤄볼 때, 우리는 감정과 거리가 먼 삶을 살고 있고 볼 수 있다. 실제로 우리나라에서는 감정 표현에 대해서 적극적으로 격려하는 사람들을 보기 힘들다. 심지어 감정을 표현하는 사람에게는 부정적 영향이 미치기도 한다. 예를 들어, 감정이 풍부하고, 잘 표현하는 사람에게는 약한 사람, 울보라는 딱지를 붙일 수도 있는 사회에서 살고 있다.

우리가 짐작으로 느끼고 있는 이 사회를 과학적으로 연구한 학자들이 있었다. 마츠모토 외 2명의 연구자였다. 그들은 2008년에 사회심리학과 관련된 연구를 했다. 그 결과는 우리의 예상과 맞아떨어졌다. 우선 집단주의 문화에서는 감정 표현에 대한 규칙이 좀 더 엄격하다고 보았다. 이는 집단주의인 우리나라에서 사회 문화가 잘 유지되기 위해서는 감정 표현을 적절하게 조절해야 한다고 보는 것이다. 반면에 개인주의 문화에서는 감정 표현에 대한 규칙이 더 느슨하다고 보았다. 이는 미국과 같은 개인주의 문화에서는 감정 표현을 하는 데 있어서 조절에 신경 쓰지 않는다는 것이다. 모든 감정을 표현하는 것이 더 좋다고 생각하는 문화인 것이다.

이렇게 감정 표현을 계속해서 신경을 쓰고, 표현하지 않을 때는 어떤 일들이 생길까? 감정 표현을 절제하고 억압하는 정도에 따라서 다르겠지만, 놀랍게도 큰 범죄까지도 이어질 수 있다.

최근 뉴스를 보면 '묻지 마 범죄'가 심심찮게 등장한다. 묻지 마 범죄란 피의자와 피해자 사이에 아무런 관계가 없는 범죄를 일컫는다. 보통의 범죄에는 동기가 확실하다. 상대가 나를 때렸기 때문에 나도 그를 때린다는 동기가 분명히 있다. 그러나 이 묻지 마 범죄에서는 아무런 상관없는 사람이 피해 대상이 될 수 있다는 것이다. 그러니까 누구라도 범죄 대상이 될 수 있다는 것이다. 섬뜩한 얘기다.

이런 상황을 어떻게 받아들여야 할까? 그리고 어떻게 설명해야 할까? 이에 대해 심리학자들은 관심이 많다. 그중 한 명의 심리학자는 명쾌한 답을 제시하였다. 범죄 심리학자 이수정은 "감정의 과잉이나 감정의 부족이 모든 범죄와 연관성이 있다."라고 하였다. 즉, 감정을 적절하게 잘 풀어내지 못할 때 문제가 생길 수 있다는 것이다. 또한 감정을 제때 표현하지 않다가 갑자기 표현하게 되면 그동안 쌓여있던 감정이 한꺼번에 나와 감정의 과잉을 초래한다는 것이다. 보통 심리학자들은 이런 상황을 감정의 물병으로 비유한다. 물이 점점 차오르다가 제때 비워내지 못해서 마침내 넘쳐흐르게 되는 상황이라고 볼 수 있다.

감정의 억압은 건강을 위협한다

어떤가? 감정을 적절하게 표현하지 않았을 때 생기는 일은 생각보다 크게 다가올 수 있다. 불행히도 나는 감정 표현의 문제를 경험했다. 어릴 적 아버지와의 사이가 좋지 않았다. 그래서 문제를 해결하고자 큰 노력을 했었지만, 그때마다 수포가 되었다. 그때 느끼는 좌절감은 정말 이루 말할 수 없었다. 내가 아버지와의 관계에서 힘듦을 경험하는 만큼 빨리 해결하고 싶었다. 하지만 아버지는 늘 제자리였기에 화가 많이 났었다. '나는 아빠가 진짜 싫다.', '죽도록 싫다.'라는 말이 늘 내 마음속에 있었다. 횟수를 세어보지 않았지만, 이런 말을 수만 번 되뇌었을 것이다. 문제는 이 생각과 감정은 아버지를 향한 것이었지만, 한 번도 드러내지 않았다는 것이다. 늘 목구멍까지 차오르는 이 말들을 삼키고, 또 삼켰다. 이 감정을 표현할 용기도 없었고, 감정을 표현하는 방법도 몰랐다.

이렇게 시간이 갈수록 언제부턴가 먹구름이 드리워지고 있음을 느꼈다. 무엇을 하더라도 재미가 없었고, 공부도 싫었고, 힘도 없었으며, 내가 왜 살아야 하는지, 때로는 별것도 아닌 일에 굉장히 짜증이 나기도 했었다. 마음의 감기인 우울증세가 찾아온 것이었다. 나는 당시 우울증세라는 것도 몰랐다. 그냥 다들 그렇게 사는 것으로 생각했다.

그렇게 성장해오며 여러 과정 끝에 심리학과 석사과정에 입학하게 되었다. 그리고 처음으로 경험한 것이 대화 스님이 진행하는 참만남 집단 상담이었다. 나는 그 과정에서 묵혀둔 아버지에 대한 분노를 표현하게 되었다. 단 한 번도 표현하지 못했던 감정을 표현하게 되면 어떤 일이 일어날까? 그때 나는 고장 난 수도꼭지의 느낌을 알 것 같았다. 내 눈물샘은 고장 난 수도꼭지처럼 계속해서 흘렀다. 흐르고, 또 흐르고. 그렇게 종일 울고 비워내니 체력이 고갈되었지만, 찌꺼기를 깨끗이 씻어낸 듯한 개운함을 느낄 수 있었다. 그래서 나는 지금도 그때 내 눈물샘을 자극해주신 대화 스님에게 감사함을 느끼고, 존경한다. 아마도 그때 내 삶을 변화시키는 감정의 해방 경험을 하지 못했다면 지금의 내가 없었을 것이고, 삶의 변화도 없었을 것이기 때문이다.

가볍게 생각할 일이 아니다. 지금 생각해보면 감정에 대한 지식을 제대로 갖추고만 있었어도 그 우울한 시기를 수십 년간 보내지 않아도 되었으리라 생각한다. 그때 이후로 내 기분에는 행복과 기쁨, 재미가 더 많이 생겼기 때문이다.

물론 감정을 한 번 표현했다고 해서 완전히 치유되는 것은 아니다. 하지만 심리치료에 있어서 매우 핵심적인 부분인 것만은 확실하다. 우리의 일상생활에서도 당연히 적용된다. 심리상담을 하다 보면 감정을 많이 누른 채 살아왔고, 그로 인해 힘들어하는 분들을 많이 만난다. 그들은 공통으로 자신의 감정에 대해서 둔감한 사람들이다. 핵심적으로 그들이 그렇게 감정에 둔감할 수밖에 없었던 이유가 있다. 그것은 내면의 '감정을 표현해서 뭐하나?' 하는 신념이 존재한다. 즉, 감정을 표현해 봤자 좋을 것도 없고, 도움이 되는 것도 없다고 생각하기 때문이다. 그래서 점점 자신의 감정을 묻어두게 되고, 그러면서 동시에 진정한 자신도 함께 묻어두게 되는 것이다. 그래서 그들에게 감정에 대한 생각 변화를 조금이라도 하게 되면 심리상담의 진행 속도가 훨씬 빨라진다.

그러나 주의해야 할 것이 있다. 그것은 감정을 표현하기 시작한 시기에 어느 정도의 불안정한 기간을 경험할 수 있다는 것이다. 오랫동안 묵혀두고, 눌러왔던 사람일수록 감정 조절이 한동안 쉽지 않을 수 있다는 것이다. 하지만 이 과정을 잘 인내하고, 주변 사람들이 잘 이해해주며 넘어간다면 긍정적 삶이 기다리고 있을 것이다.

나는 이런 상황이 심리상담에 참여하는 사람들만이 겪는 문제는 아니라고 생각한다. 그래서 이렇게 글을 쓰고 싶었는지도 모르겠다. 감정 관리에 대한 생각만 바꿔도 앞으로의 삶은 분명히 달라질 것이라 확신하기 때문이다. 이렇게 생각하는 이유는 심리학적 이론들이 모두 다 그렇게 얘기하고 있기 때문이다. 그리고 무엇보다 내가 감정 표현으로 삶의 변화를 경험했기 때문이다.

이제는 한번 돌아볼 시기가 되었다. 내가 평소에 감정을 어떻게 관리해오고, 감정 표현에 대해서 어떤 생각을 했는지 말이다. 혹시 감정에 대해서 잘못된 신념을 갖고 있지는 않았나? 괜찮다. 중요한 것은 과거가 아니라 바로 지금이다. 지금부터라도 내 감정에 대해서 해방감을 선물하라. 먹구름은 걷히고, 그 자리에 햇빛이 자리할 것이다.

내가 감정에 서툴고, 익숙하지 않다면 생각해봐야 한다. 그리고 오래된 감정에 대한 신념을 찾았다면 새로운 신념으로 대체하라.

'감정은 담는 것이 아니라 덜어내는 것이다.'

02 주변 사람들은 나를 보여주는 거울이다

세상은 거울과 같다. 사람들과의 관계에서 겪는 문제들 중 대부분은 스스로와의 관계에서 겪고 있는 문제를 거울처럼 보여주고 있다. 밖으로 나가서 남들을 바꿀 필요는 없다. 우리 자신의 생각들을 조금씩 바꾸다 보면 주위 사람들과의 관계는 자동으로 개선된다.

– 앤드류 매튜스

주변 사람들은 나를 알 수 있는 또 다른 길이다

나 자신을 안다는 것은 중요하다. 나를 알게 된다면 대인관계에 있어서 성공적인 관계를 만들어 낼 수 있다. 그리고 대인관계에서의 성공은 곧 나에게 행복을 준다. 모든 행복의 시작은 나로부터 시작되며, 나를 아는 것은 중요하다. 그래서 부단히 나를 알기 위해서 다양한 시도를 많이 해본다.

하지만 시도하는 만큼 돌아오는 수확은 없다. 막상 하더라도 조금 하다가 놓쳐버리게 된다. 왜냐면 현실적으로 나를 돌아보는 것 말고도 할 것들이 엄청나게 많기 때문이다. 그래서 '한가하게 철학 하지 말라.'라는 핀잔도 종종 듣는다. 그래서 결국은 늘 '나를 돌아보는 것은 어렵다.'라는 이미지만 남기고 끝내게 된다.

그럼에도 불구하고, 요즘은 인문학이 열풍이다. 그리고 아직도 그 열기는 지속되고 있다. 그래서 인문학 강의를 부지런히 듣고 자신을 사랑하고, 나를 알게 되는 것이 얼마나 중요한지 깨닫게 된다. 하지만 막상 실천하려고 하면, '나를 알기 위해서는 무엇부터 해야 하는 건지?,' '내가 지금 하는 것이 맞는지?' 등의 물음이 계속해서 나 자신을 뒤덮는다. 그렇다. 나를 알기도 전에 멈추게 되고, 다시 원점으로 돌아오게 된다.

스스로 성찰의 과정들은 필요하다. 다들 이런 과정들이 얼마나 필요한지에 대해서 의문을 품고 있지만, 전혀 수확이 없는 것이 아니다. 다만, 관점에 따라서 다르지만, 알게 된 점이 작아 보일 뿐이다.

좀 더 확실하게 자신을 쉽고 빠르게 파악할 방법이 있다. 그것은 바로 다른 사람들의 말을 잘 들어보는 것이다. 즉, 다른 사람들이 나에 대해서 어떻게 생각하는지도 나를 파악하는 데 큰 도움이 된다는 것이다. 사실, 내가 보는 나의 모습과 다른 사람들이 보는 나의 모습은 같을 수도 있지만, 다른 경우도 있다.

이런 부분과 관련하여 조하리의 창 이론(Johari's Window)이 있다. 여기에는 총 4가지의 유형이 있다. 상대도 알고 나도 알고 있는 부분은 열린(Open) 유형, 나는 알고 있지만, 타인은 모르는 부분은 숨겨진(Hidden) 유형, 타인은 알고 있지만, 자신은 모르는 부분은 보이지 않는(Blind) 유형, 나도 모르고, 상대도 모르는 부분은 미지(Unknown)의 유형이다.

여기에서는 나를 좀 더 잘 알기 위해서는 보이지 않는 유형에 조금 더 신경을 쓰는 것이 좋다. 타인의 눈에 자신이 비치는 것이기 때문에 자신에 대한 생각을 객관적으로 할 수 있기 때문이다.

하지만 가까운 지인과의 대화로 나는 많은 생각을 하는 경험을 하게 되었다. 내가 평소에 갖고 있던 생각 즉, 대인관계를 나름 잘하고 있다는 생각이 단지 나만의 생각이었고, 그것이 착각이었음을 알게 해주었다.

한번은 가깝게 지내던 동생과 함께 동네를 산책하고 있었다. 그리고 예상치 못한 질문을 받았다.

"저는 형이 누구인지 잘 모르겠어요."

나는 무슨 말인지 이해를 못 했다.

"으…응? 무슨 말이야?"
"형은 항상 자기를 감추는 것 같아요. 그래서 속을 알 수가 없어요."

동생의 그 말을 들은 나는 한동안 충격이었다. 왜냐면 뭔가 모르게 정곡을 찔린 것 같았기 때문이다. 나도 알고는 있었지만, 드러내고 싶지 않았던 모습이 보인 것 같은 느낌이었다. 사실, 어쩌면 나는 동생의 말을 잘 이해하고 있었는지도 모르겠다. 이해하지 못해서 되물은 것이 아니라 당황해서 되물은 것일 수도 있겠다는 생각이 들었다.

그동안 동생이 보기에 나의 모습은 자신을 꽁꽁 싸매고 관계하는 것처럼 보였다. 나는 고상하게 다른 사람들의 말을 잘 듣는다고 생각했지만, 그것은 나 자신을 감추려는 도구에 불과한 것이었다. 그리고 그 당시 느꼈던 당황스러움은 정곡을 찔렀다는 것을 방증하는 것이었다.

그 경험 이후로 나는 상담을 받게 되었다. 어쩌면 이 부분이 대인관계에서 나를 힘들게 하는 부분과 연관되어 있을 거라고 생각을 했다. 평소에 알게 모르게 느껴오던 허무함이 이 부분과 연관될 것 같았다. 어쨌든 중요한 것은 나는 모르지만, 다른 사람들의 눈에는 확실하게 비치는 모습이 존재한다는 것을 알게 된 경험이었다. 그래서 다른 사람들이 무심코 해주는 피드백은 나를 알아가는 데 매우 소중한 경험들이다. 지인들과 대화하면서 자신에게 무심코 했었던 잘 떠올려보라. 자신이 알고 있는 부분도 있겠지만, 모르는 부분도 매우 많을 것이다. 나도 모르는 부분에 집중하여 탐색해보라. 새로운 나를 알아 갈 수 있는 길을 맞이하게 될 것이다. 그 길에는 분명 더 깊은 행복이 숨어있을 것이다.

다만, 이 과정에서 있어서 한 가지 어려운 점이 있다면, 그 피드백이 부정적인 것으로 다가올 때가 많다는 것이다. 다른 사람들이 피드백을 해주면 좋은 부분도 분명히 많겠지만, 부정적인 것으로 들릴 때도 많다. 그래서 보통 이런 피드백은 그냥 무시해버리거나 넘겨버릴 때가 많다.

하지만 그럴 때일수록 생각의 전환을 잘해야 한다. 그리고 그 사람들에게 오히려 고마워하는 태도를 가져야 한다. 왜냐면 그 부분이 바로 내가 대인관계 속에서 진짜 힘들어하는 이유를 보여주는 것이기 때문이다. 쉽게 말해, 내가 화나는 포인트를 딱 짚어주는 것이다.

심리학적으로 내가 부정적으로 반응하는 정도가 크면 클수록 사실 맞다고 인정하는 것과 같다. '강한 부정은 강한 긍정이다.'라는 말도 있지 않은가? 이 부분을 잘 파악해둬야 그 부분을 수정하고, 성장할 수 있게 되는 것이다. 그리고 무엇보다 그 부분을 개선함으로써 자신이 진정으로 행복해질 수 있는 길을 찾게 되는 것이다.

한 의뢰자는 자신이 친구들로부터 권위적인 모습이 있다는 말을 들을 때마다 너무 화가 난다고 호소하였다. 자신은 그러한 모습이 전혀 없는데 왜 자꾸 그런 말을 하는지 도무지 이해할 수가 없다는 것이었다. 이후 깊은 심리상담을 통해서 그 모습은 결국 자신이 하고 있었던 것이었음을 인정하게 되었다. 그 당시 그의 관계 유형은 보이지 않는(Blind) 유형이었다. 자신은 모르지만, 타인은 알고 있는 유형이었다.

사실, 그는 권위적인 방식으로 자신을 양육해왔던 아버지에게 큰 불만을 품고 있었다. 그래서 자신만큼은 권위적인 방식으로 관계를 하지 않으리라 다짐하고 또 다짐했다. 그렇게 자신의 눈으로 보기에는 권위적인 모습을 고쳤다고 생각했지만, 다른 사람들의 눈에서는 사실 여전히 보였다. 그래서 그는 친구들의 피드백이 너무도 듣기 싫었다. 그 피드백을 받아들이게 되면 자신의 노력이 물거품이 되는 것 같기도 하고, 또 자신에게 아버지의 그림자가 있다는 것을 인정하는 것 같았기 때문이다. 결국 그는 상담을 통해서 자신의 권위적인 모습을 상당 부분 인정하게 되었고, 그 모습을 제거하는 것이 아니라 좋은 방향으로 활용하도록 상담을 받았다. 그는 현재 자신을 인정하는 삶에 자유로움을 느끼며 행복을 느끼고 있다고 연락해온다.

'이 세상은 하나다.'라는 말이 있다. 그 말은 내가 갖고 있는 어떤 것들을 다른 사람들과도 함께 공유하고 있다는 것이다. 이 세상 사람들 모두 다 부분 집합이 있다는 것이다. 그것이 성격이 될 수도 있고, 문화, 경험, 생각 등 수많은 것들이 겹칠 수 있다. 그래서 다른 사람들의 피드백은 중요하다. 나의 또 다른 부분들을 보여주는 것이기 때문이다.

다른 사람들은 나의 모습을 보여주는 거울이라는 것을 잊지 말자.

03 남들에게 잘해줄수록 더 상처받기 쉽다

남 눈치 너무 보지 말고 나만의 빛깔을 찾으세요.
당신은 세상에서 가장 소중한 사람입니다.
– 혜민 스님

기대할수록 더 관계는 더 멀어진다

다른 사람에게 잘해준 적이 있는가? 만약 그렇다면 잘해주고 나서 상처받은 적이 있는가? 아마 누구나 한 번쯤은 경험해보는 일일 것이다. 내가 잘해줬지만, 상대가 생각만큼 반응을 보여주지 않는다면 참 서운하다. 심지어는 화도 난다. 나는 이런 경험을 많이 했었기 때문에 누구보다 상처받았을 때의 그 마음을 이해할 수 있다. 그러나 혹자는 상처라는 말이 조금 과한 표현이라고 생각할 수도 있겠다. 왜냐면 이런 일들은 사소하고, 일상생활에서 자주 경험하는 일이기 때문이다.

그럼에도 불구하고 나는 여기에서 상처라는 표현을 쓰고자 한다. 보통 누군가에게 잘해준다는 것은 기본적으로 자신이 소중하게 생각하는 사람을 대상으로 한다. 그리고 자신이 소중하게 생각하는 사람일수록 자신의 마음을 더욱 담아서 도와줄 것이다. 하지만 이후에 자신이 도움받고자 하는 상황에서 받지 못한다면 기분이 어떨까? 각자 느끼는 감정의 종류는 다르겠지만, 긍정적인 감정을 느끼는 경우는 매우 희박할 것이다. 대다수의 사람은 부정적인 감정을 느낄 것이다. 친한 사람이었기에 그 감정은 나를 더더욱 힘들게 할 것이다.

참 억울한 상황 아닌가? 나는 상대를 위해서 잘해줬지만, 결국 내게 돌아오는 것은 상처뿐이라면? 이런 고민에 대해서 〈즉문즉설〉로 유명하신 법륜 스님은 명쾌한 답을 내주셨다. 그렇게 힘든 이유는 오직 나만을 생각했기 때문에 더 힘들다는 것이다. 그러니까, 내가 상대에게 잘해주는 것은 나의 권리지만, 내가 잘해준 것을 거절하는 것은 상대의 권리인 것이다. 나의 권리만을 생각했고, 상대의 권리는 생각하지 않은 것이다. 맞는 말씀이다. 우리에게 상대를 통제하고, 조종할 수 있는 권리는 없다. 우리는 자신에게 주어진 권리에만 충실하면 될 뿐이다. 법륜 스님은 늘 이렇게 갇혀 있던 사고의 폭을 넓혀주신다. 스님의 말씀을 들으면 뭔가 모르게 속이 풀리는 것 같아서 좋다.

그러나 요즘 여러 가지 사회적 이슈들로 인해서 인권이 중요시되고, 미디어 매체에서 많이 언급되고 있다. 그래서 그 어느 때보다도 인권에 대해 민감하고, 인권 의식이 성숙한 시대에 우리는 살고 있다. 그렇다. 사실 스님의 말씀이 무슨 의미인지 안다. 이해하고 있다. 문제는 실제로 대인관계를 하다 보면, 스님이 일깨워주신 의식은 온데간데없다는 것이다. 이전의 깨달음이 무색할 정도로 까맣게 잊고, 어느새 자신의 기대에 어긋난 상대의 눈을 노려보고 있는 꼴이 되는 셈이다.

인정욕구의 또 다른 모습은 기대하는 모습이다

어쩌면 이미 알고 있었을 것이다. 심리상담을 하다 보면 '제가 누구인지 모르겠어요.'라는 이유로 상담을 시작하는 사람들이 종종 있다. 상당히 철학적인 질문이다. 인문학이 대세인 요즘 'Who am I?'라는 질문에 익숙해져 있을 것이다. 하지만 개인적으로 인문학과 거리가 있는 나로서는 어렵고, 당황스러운 질문이었다. 고백하건대, 당시 겉으로는 담담한 척했지만 속으로는 굉장히 곤혹스러워했었다.

철학적인 얘기를 해야 할지, 아니면 내 가치관을 개방해야 할지, 도대체 그분의 의중을 파악하기 어려웠다. 지금은 경륜이 생겨서 차근차근 질문해가며 상대의 마음을 헤아릴 수 있지만, 그땐 왜 그렇게 어려웠는지 모르겠다. 어쨌든 중요한 것은 그 질문 속에는 낮은 자존감이 존재한다는 것이다. 모든 사람에게 일반화하는 것은 무리가 있지만, 많은 경우가 이에 해당한다는 것은 분명하다.

이런 문제들은 인정욕구와 관련되어서 더욱더 해결을 어렵게 만들고, 자신을 수렁으로 빠지게 만든다. 법정 스님은 이런 말씀을 남기셨다.

"성욕이나 명예욕 같은 욕구는 극복할 수 있다. 그러나 참으로 극복하기 어려운 욕구는 인정받고 싶은 욕구이다."

그만큼 우리에게는 큰 영향을 주는 욕구이고, 많은 사람이 경험하는 욕구라는 것의 반증일 것이다. 나는 개인적으로 생각할 때 우리가 인정욕구에서 정말 자유로울 수 있을 때 질 높은 삶을 살 수 있을 것이라 믿는다.

나는 어릴 때부터 다른 사람에게 인정을 받고자 정말 열심히 살아왔다. 아버지에게 사랑을 받지 못한다는 생각이 많았기에 다른 사람들에게라도 인정받고 싶었다. 나는 20세 때 대학교에 다니며 아르바이트를 했었다. 당시 퓨전 선술집이 유행이라 그곳에서 경험을 쌓고 싶었다. 그래서 사장님과의 면접 후에 합격 소식을 듣고 바로 일을 시작했다. 일하면서 처음에는 어려웠지만, 점점 재미를 느껴갔다. 시간이 지나면서 경험이 쌓였다. 그리고 나름 손님을 대하는 영업방식을 터득하는 것이 재미있었다. 나의 주 무기는 미소였다. 일하면서 늘 미소를 잃지 않으려 했었다. 인사를 할 때, 주문받을 때, 청소를 할 때. 일하는 매 순간 미소를 잃지 않으려 노력했다. 그래서 그런지 손님들의 반응은 생각보다 좋았다.

다른 음식점의 사장님이 오셔서 아르바이트 제안을 할 정도였으니까 말이다.

하지만 내 삶은 어딘가 모르게 늘 공허했다. 집에 가면 쓰러져 잠들기 바빴고, 의미 있었다는 느낌보다 할수록 의미를 잃어가는 느낌이었다. 정신적으로 뭔가 채워지지 않는 그 공허함이 나를 계속해서 감싸고 있었다. 어떤 칠흑 같은 안개가 계속해서 나를 감싸고 있는 느낌이었다. 그래서 나는 그 안개를 걷으려 하면 할수록 더 안개 속에 휩싸이는 것 같았다. 그 공허함을 경험해보지 않은 사람은 이해하기 힘든 감정이다. 그러니 우울감을 경험하는 것은 너무나도 당연했다. 악순환이었다. 나는 그 감정을 느끼지 않으려 더 열심히 일했다. 굳이 필요 없는 일을 만들어서 했다. 그렇게 나는 정신적으로 지쳐가고 있었다.

이처럼 나는 인정욕구와 낮은 자존감의 늪에서 살아왔다. 그리고 끊임없이 다른 사람의 기대를 구했지만 남는 것은 없었다. 꼽아 보자면 손에 쥐어지지도 않을 공허함뿐이었다. 그것은 보이지도 않아서 돈으로 바꿀 수 없어서 더욱 허탈감을 느끼게 할 뿐이었다.

사실 그 답은 지금 돌아보면 가까이 있었다. 그것은 바로 내 안에 있었다. 외부에는 존재하지 않았다. 그것은 나의 상처가 만들어낸 착각일 뿐이었다.

다시 한번 질문해볼 때이다. 내가 정말 상대방에게 잘해줬지만, 상처를 받았나? 상처는 누가 준 것인가? 그것은 친구도 아니고, 부모님도 아니다. 바로 나였다. 그 어떤 누구도 상처를 주지 않았다. 그들은 이미 나에게 존재했던 상처를 좀 더 아프게 건드렸을 뿐이다. 그러니까 내가 상대에게 다가갈 때는 이미 상처가 있는 상태였다.

나는 요즘 정신이 맑게 깨어 있는 상태에서 살고자 노력한다. 언제 또 다시 그 칠흑과 같은 안개에 휩싸일지 모르기 때문이다. 당신은 어떤가?

04 모든 분노 밑에는 상처가 있다

누구나 화를 낼 수 있다. 따라서 이는 매우 쉬운 일이다.
그러나 적절한 사람에게, 적절한 시간에, 적절한 정도로, 적절한 목적으로,
적절한 방법 안에서 화를 내기는 대단히 어렵다.
– 아리스토텔레스

모든 분노에는 그 사람의 스토리가 담겨 있다

개인적으로 한 아동이 의뢰되었다. 평소에 학교생활을 하면서 친구들과 자주 싸운다는 문제로 의뢰되었다. 그래서 어머님과 만나서 얘기를 해보니 아동은 화를 자주 내는 것이 더 큰 문제였다. 보통 싸운다고 하면 여러 가지 이유로 싸우게 되는데 이 아동의 경우 자신의 화를 참지 못하는 것이 문제였다. 그래서 친구들과 잘 지내다가도 조금만 자신의 의견에 맞지 않거나, 친구들이 지적하면 180도로 표정이 변하여 화를 낸다는 것이다. 그래서 결국 친구들과 싸움이 나게 되고, 때에 따라서 흥분하면 몸싸움까지도 이어지는 사례였다.

아동과 함께 만나는 날이었다. 첫 만남에서 매우 순한 모습을 보였다. 예상대로였다. 아이는 스트레스 상황만 경험하지 않는다면, 크게 문제가 되는 것처럼 보이지 않았다. 그리고 실제로 문제를 일으키지도 않는 모습을 보였다. 하지만 상담을 진행하며 친구들이 자신을 놀리는 경우를 떠올리는 상황이 생겼다. 최근에 한 친구가 자신을 놀렸던 것이 생각난 것이다. 그래서 나는 즉각적으로 도구를 활용하여 아동의 분노를 표출시키고자 민첩하게 행동했다. 그리고 신문지 찢기를 통해 내면에 있는 스트레스를 표현시키고자 하였다. 찢기 과정을 통해서 아이의 마음에 공감하며 몇 가지 질문을 했다.

"친구가 뭐라고 놀렸을 때 가장 기분 나빴어?"

"왕만두요!"

"아, 그게 너한테는 싫은 말이야?"

"네. 저는 그 말을 들으면 너무 기분이 나빠요. 좋던 기분도 확 나빠져요."

"그렇구나. 그게 더 싫은 이유가 있어?"

"네. 안 그래도 제가 바보라는 생각이 들어서 기분이 안 좋은데, 그 말을 들으니 더 싫어요!"

여기에서 알 수 있는 것 한 가지가 있다. 그것은 모든 감정에는 확실한 이유가 있다는 것이다. 사람은 아무 이유 없이 감정을 느끼지 않는다. 분명히 내, 외부에서 어떤 일들이 있었고 그에 대한 반응으로 감정을 느끼는 것이다. 여기에 나오는 아동의 경우 자신이 표현하지는 않았지만, 마음속으로는 늘 자신이 '바보 같다.'라는 생각을 해온 것이다. 이렇게 마음속에 담아두는 경우는 자신의 기준에 도달하지 못해서 바보라는 생각을 한다. 하지만 더 많은 경우는 외부에서 바보라는 말들을 많이 들었던 경우이다. 즉, 친구들이 이 아이에게 바보라고 놀릴 때가 많았다. 그래서 대인관계 환경을 탐색해보니 친구들이 짓궂게 놀릴 때가 많았고, 그 당시에 화내는 방법을 잘 몰라서 늘 마음속으로만 담아둔 것이었다.

분노는 내면의 진짜 감정을 감추기 위한 '겉감정'일 뿐이다

분노는 자신을 방어하는 역할을 한다. 주변에서 분노하거나, 짜증을 내는 사람들을 본 적이 있는가? 그렇다면 그 사람들을 보며 나는 어떤 생각을 하게 되는가? 화라는 감정을 내면 나는 그 사람에게 장난치고 싶던 마음도 한 번 꺾게 된다. 그러니까 좀 더 조심하게 된다는 것이다. 그래서 분노를 표현하는 것은 그것 자체로 자신을 위해서 좋은 기능을 하는 것이다.

하지만 분노는 역으로 사용되기도 한다. 자신을 방어하기도 하지만 자신의 마음을 감추는 역할도 한다. 어떻게 보면 속임수로 쓰이기도 한다는 것이다. 분노를 표현하게 되면 그 이면에 있는 나의 마음들을 좀 더 확실하게 가릴 수 있기 때문이다. 보통 이렇게 자신의 마음을 가리기 위해서 분노를 내는 경우는 내면에 상처가 있거나, 낮은 자존감이 있거나, 아니면 두려움을 느끼고 있는 경우가 많다. 그래서 이런 감정들을 느끼기보다 분노를 표현함으로써 자신을 더욱더 보호하는 것이다.

그렇다면 그렇게까지 분노를 내며 자신의 마음을 감추고자 하는 이유는 무엇일까? 그것은 내가 그 마음을 감당할 힘이 없기 때문이다. 나의 심리적 상태에서는 그 감정이 너무 큰 것으로 여겨지기 때문에 나도 모르게 피하는 것이다. 그래서 분노를 더욱더 표현해버리면서 무의식적으로 나를 방어하는 것이다.

집단 상담을 하면서 유난히 화가 많은 학생이 있었다. 그 학생은 걸핏하면 친구들과 싸우려 들었고, 자신의 의견과 조금이라도 맞지 않으면 말보다 화를 먼저 내며 친구들을 제압하는 모습을 보였다. 그 학생을 몇 주 동안 지켜보며 알게 된 것이 있었다. 그것은 어떤 과제를 해야 하는 상황에서 더욱더 예민해지고, 화를 내는 것이었다. 조금이라도 그 과제가 어려워서 못할 것 같으면 쉽게 포기해버리는 것이었다. 그리고 왜 이렇게 어렵냐는 불평을 늘어놓으며 화를 내는 것이었다.

그렇다. 그 학생은 화를 많이 내는 것이 문제가 아니라 내면에 낮은 자존감이 문제였다. 그제야 그 학생에 대한 조각이 맞춰졌다. 가정환경이 여러 가지 이유로 열악했다. 그래서 어릴 때부터 칭찬을 받아본 경험이 없는 학생이었다. 이는 평소 어떤 과제를 할 때면 화를 내기도 하지만 자신감도 전혀 없는 것도 문제로 나타났었다. 그래서 과제가 조금이라도 어려워 보이면 도전을 겁내는 경우가 많았다.

이래서 지식이 필요한 것이고, 자신에 대한 앎이 중요한 것이다. 얼핏 보면 이 학생은 분노 조절의 문제를 가진 것으로 보였다. 그러나 면밀한 탐색을 해보니 분노 조절 문제는 단순히 표면적인 문제일 뿐이었다. 만약 시작부터 단추를 잘못 끼웠다면, 내면의 자존감 문제가 더 깊숙이 들어가 버렸을 수도 있다. 결국 자존감의 문제는 영영 빛을 보지 못했을 수도 있다.

두려움을 느낄 때도 우리는 분노를 통해서 나를 방어하고, 보호하려고 한다. 무서운 상황에 처해본 적이 있는가? 어릴 때 우리 집은 화장실이 집 밖에 있었다. 그래서 한겨울에 소변을 보고 싶을 때는 칠흑 같은 어둠을 뚫고 화장실로 가야 하는 어려움을 늘 겪었다. 지금은 그 거리가 짧지만, 그땐 왜 그렇게 멀게 느껴졌는지. 온갖 상상이 들면서 무서웠다. 그래서 나는 그 두려움을 본능적으로 이겨내고자 아무 죄 없는 귀신들에게 욕하고, 으름장을 놓았다. 그 후 마음이 조금 안정되는 것을 느끼며 어릴 때는 주로 그 방법을 사용했었다. 하지만 부모님께 야밤에 왜 이렇게 시끄럽냐며 꾸지람을 듣곤 했다.

아이들이 화를 내는 이유도 마찬가지다. 내면에 불안과 두려움이 크게 자리하고 있다. 그래서 그 감정을 느끼는 것이 힘들기 때문에 화를 내며 그 상황을 이겨내려고 하는 것이다. 최선을 다해서 그 상황에 대응하는 것이다. 마치 자신 앞에 귀신이 있으면 그 귀신을 이겨보려고 괜히 위협하는 것이다.

모든 분노 밑에는 상처가 있다. 그리고 연약해진 나 자신이 존재하고 있다. 하지만 모두 각자만의 이유로 분노 밑에 존재하는 진짜 상처를 보지 못하고 있다. 좀 더 적확하게 표현을 하자면, 자신의 상처를 그냥 덮어두고, 외면하는 것일 수도 있다. 그러나 이제는 한 번쯤은 돌아봐야 할 때가 왔다.

앞서 언급했듯 분노는 자신의 존재를 각인시키고, 방어하는 역할을 한다. 나는 그 분노의 역할에 또 하나의 역할을 추가하고 싶다. 필요 이상의 분노는 자신의 상처를 알려주는 또 다른 신호이다. 필요 이상으로 과민하게 반응하고, 화를 내고 있다면 한 번쯤은 내 마음을 돌아봐야 한다. 감정을 느끼는 것은 정상이지만, 필요 이상의 감정이 들어가는 것은 내 마음 어디에선가 자신을 돌봐달라는 것이기 때문이다.

내 인생을 위해 가지면 좋은 기준 : "진정한 사랑은 나 자신에 대한 사랑으로부터 시작된다."

온 · 오프라인으로 심리 컨설팅을 진행해오고 있다. 기억나는 사람들을 떠올려본다. 그러면 짠 것처럼 비슷한 상황들을 겪어왔다.

"내가 좋아하는 것이 무엇인지 모르겠어요."

이렇게 말을 하는 사람들은 자신보다 다른 사람들의 생각과 감정을 우선해온 사람들이다. 그래서 어느샌가 나의 생각, 감정, 목소리를 듣는 것에 소홀해진 것이다. 그 결과는 자신이 아닌 다른 사람으로부터 사랑을 구하고, 의미를 부여받게 된다. 심지어 세상은 다른 사람으로부터 인정을 받는 것의 중요성만을 알려준다. 그래서 우리는 자신의 마음에 귀를 기울이며, 소중하다고 느낄 기회를 내내 놓쳐간다.

나 또한 마찬가지였다. 나 자신을 사랑해본 적도, 사랑하는 방법도 모른 채로 살아왔기에 늘 다른 사람으로부터의 사랑만 얻고자 노력해왔다. 그 결과 나 자신과는 계속해서 멀어지고, 이는 나의 욕구에 소홀하게 되는 일들을 초래했다. 자존감이 유지되기는커녕 늘 떨어졌던 것이다.

타인으로부터 사랑을 원하고 받는 것이 나쁘다는 것을 말하는 것이 아니다. 우리는 스스로를 사랑하는 경험과 방법이 너무나 서툴기에 자기 사랑을 강조하는 것이다.

우리는 제대로 인식해야 한다. 진짜 사랑은 바로 자신으로부터 시작된다는 것을. 자기 사랑이 모든 사랑의 시작이라는 기준을 세우자. 그러면 잠자고 있던 내 삶에 기적이 일어날 준비가 된 것이다.

자기 사랑은 잃어버린 나를 찾도록 도울 것이다. 그리고 삶에 숨을 불어넣을 것이다. 지금까지 뭔가 재미없는 삶을 살았고, 큰 흥미를 느끼지 못했다면 지금 당장 나에 대한 사랑을 시작하라. 소외된 내면이 자신의 목소리를 들어달라고 외치고 있다는 신호일지도 모른다.

05 감정을 외면하다 보면 나 자신도 외면하게 된다

모든 감정은 몸 안에 울려 퍼진다.
– 조슬린 드콴트

감정은 곧 나의 분신이다

감정은 곧 나 자신이다. 그리고 나의 삶이기도 하다. 하루 동안 느끼는 감정들을 나열하면 그것이 곧 내 삶이 된다. 왜냐면 인간은 매 순간 감정을 느끼는 존재이기 때문이다. 그래서 그 사람을 알고자 한다면, 그 사람이 느끼는 감정을 알면 된다. 심리학에서는 일찌감치 감정의 중요성을 인식하고 있었다. 그래서 많은 사람은 감정을 곧 자신이라고 여긴다는 말이 있을 정도이다. 즉, 감정이 곧 나 자신이라고 우리는 착각하며 산다는 것이다.

이렇게 중요한 감정에 대해서 얼마나 친숙한가? 감정을 얼마나 잘 인식하고 느끼는지에 대해서는 아직 언급할 단계는 아니다. 어쨌든 감정은 인간관계와 다르지 않다. 내가 누군가와 친해지고 싶다면, 바로 그 사람에 대해서 알 수 없다. 우선 내가 그 사람과 친해져야 한다. 그래야 시간을 두고, 서로 물어보고, 대답하며 그 사람에 대한 앎이 쌓이는 것이다. 생각해보라.

'나는 지금 감정과 얼마나 친한가?'

불행하게도 우리나라 사람들은 감정과 그렇게 친하지 않은 것 같다. 심지어 감정, 기분이라는 것 자체에 대해서 모르는 사람도 꽤 많다. 생각에 대한 인식은 높지만, 감정에 대한 인식은 그 반대라는 것이다. 다시 말해, 대화할 때 자기 생각을 표현하는 비중은 크지만, 감정을 표현하는 비중은 적다는 것이다.

감정에 대한 친숙함도 낮으니, 감정의 인식 능력도 낮다. 이는 결국, 감정을 외면하는 습관과도 연관된다. 이런 습관은 감정의 중요성을 모르는 사람에게는 별것 아닌 것처럼 보일 수 있다. 하지만 심리학적으로 봤을 때는 당장은 아니지만, 나중에 큰 문제를 일으킬 수 있다.

상담하면서 보통 남성 참여자들이 감정에 대한 친숙함, 인식 능력이 떨어진다. 이러한 모습들은 잘 보여주는 연령대가 있다. 그들은 40, 50대

남성 참여자들이다. 다양한 장면에서 그들과 대화를 하다 보면 감정을 물어볼 때가 많다. 그러면 그들은 한결같이 비슷한 반응을 보인다. 자신의 감정을 표현하는 것이 아니라 자기 생각을 표현할 때가 훨씬 많았다. 그들은 무엇이 잘못되었는지 모른다. 그것이 더 큰 문제이다. 왜냐면 그만큼 감정의 중요성에 대한 부분을 인식하지 못하고 살아왔다는 증거이기 때문이다. 이렇게 사소하게 보일 수도 있는 문제들은 이후에 소개될 심리적 증상과 직결된다.

나는 어릴 때부터 아버지와 관계가 나빴다. 줄곧 어린애처럼 아버지에 대한 사랑을 갈구하고 정서적 보살핌을 바랐다. 아버지는 4남매 중에 둘째였다. 그 당시 집안 형편이 어려워서 가족을 부양하는 책임을 맡게 된 것이었다. 삼촌은 지적 장애를 갖고 있었고, 큰아버지와 함께 가정을 부양해야 하는 부담을 가지게 되었다는 것이다. 경북 단북이라는 시골에서는 경제적으로 부양할 수 있는 환경이 되지 않았다. 그래서 큰 결단을 하셨다. 직장 생활을 하기 위해서 홀로 서울로 상경하겠다는 결심을 하셨다. 그리고 그곳에서 생활하며 모든 수입은 가족들을 위해 보내졌다. 그리고 결혼을 하셨고, 자신의 가정을 꾸리게 되었다. 아버지는 우리 가족들을 부양하기 위해 지금도 일하고 계신다.

아버지의 삶을 짐작해보면 감정을 털어놓을 기회를 갖지도 못했고, 자기 힘든 감정을 털어놓으면 안 된다고 스스로 압박하셨던 것 같다. 왜냐면 자신이 힘듦을 표현하면 다른 가족에게 미칠 영향을 알고 계셨다. 이런 나의 추측을 더 확신하게 된 계기가 있었다. 병역 복무 중에 100일 휴가로 집에 왔을 때 우연히 서랍장에서 약을 보게 되었다. 아무 생각 없이 보았다. 그 약봉지 위에는 아버지의 성함이 적혀 있었다. 그리고 아래쪽에는 '○○신경정신과'가 적혀 있었다. 놀라는 마음을 겨우 부여잡고, 어머니에게 조심스럽게 물어보았다. 어머니께서는 "그냥 좀 아버지가 답답해하셔서 약을 먹고 있어."라며 얼른 대화를 마무리하셨다. 놀라는 내 모습을 들키고 싶지 않아서 어머니의 말씀을 듣고 바로 돌아섰다. 하지만 내 마음은 충격이었다. 내가 인생을 살아오면서 아버지는 한 번도 힘들다는 내색을 한 적이 없으셨다. 그래서 늘 건강하다고 생각했기 때문이었다.

심리학을 하면서 아버지를 제대로 이해하게 되었다. 아버지는 감정을 표현할 기회가 없었고, 표현하는 방법도 모르셨다. 다시 말해, 모든 가족을 책임져야 한다는 부담을 조금이라도 표현할 수 없었다. 그래서 아버지는 어느 때부터 가슴을 옥죄는 답답함을 느끼게 되었고, 그리고 심장 박동도 빨라지셨다. 아마 방치했다면 심혈관 질환으로 이어졌을 수도 있었을 것이다. 아버지의 삶에 대해 이해를 하면서 가슴이 미어졌다. 그리고 울컥했다. 나는 아버지의 삶을 전혀 이해하지 못했고, 무엇보다 내 감정만 우선했기 때문이다. 아버지의 가슴은 썩어가고 있는 줄도 모르고 말이다. 어쨌든 중요한 것은 감정을 표현하지 않고 살았더니 신경정신과에 신세를 질 수도 있다는 것을 제대로 알 수 있었다.

감정은 어떤 방식으로든 표현된다

삼육대학교 상담학과의 서경현 교수는 "표현을 억제하는 사람들은 술로 자신의 정서를 표출하려는 경향을 보이고 있다."라고 하였다. 2010년 발행된 〈건강생활〉에서는 억압된 감정을 음주로 해결하려는 사람들에 대한 내면을 분석한 내용이 포함되었다.

우리나라의 문화에서는 감정 표현을 억제하는 것이 겸손하고, 예의가 있는 것으로 보았다. 그래서 남성이든, 여성이든 자신의 감정을 절제하도록 교육받아왔다. 그러나 이런 생활이 너무 오랫동안 지속하되, 절제를 넘어서 억압의 수준까지 가게 되면 문제가 생긴다.

특히, 술을 먹을 때 이런 문제들이 발생하게 된다. 알코올의 특성상 생물학적으로 통제하는 기능이 작동하는 것을 어렵게 만든다. 쉽게 말해, 뭔가 억제해야 할 때 못하게 되는 것이다. 술을 먹으면 경직되어 있던 사람이 조금 더 편해지고, 유해지는 모습을 보이는 것이 그러한 이유 때문이다. 심지어 서양에서는 사회적 음주가(Social drinker)라고 부르며 좋은 모습으로 보았다. 조금 더 사람들과 친하게 지내게 되며, 분위기를 좋게 만들어주기 때문이다.

그러나 문제는 음주가 대인관계에서 해로운 기능도 있다는 것이다. 예를 들어, 평소 불편한 감정이 있던 동료와 풀어보려고 자리를 만들었다. 술 한잔 서로 가볍게 기울였다. 하지만 술이 들어가면서 나도 모르게 통제하는 기능이 약해진 것이다. 그래서 해야 할 말과 하지 말아야 할 말을 구분하지 못하고, 모두 다 쏟아낸 것이다. 급기야 화해의 장이 싸움의 장으로 변하게 되는 모습도 심심찮게 볼 수 있다.

안타깝게도 이 정도는 가벼운 수준이다. 해마다 가정폭력 신고가 끊임없이 이어지고 있다. 그중에 음주가 원인이 되는 경우가 꽤 많다. 음주로 가정폭력을 일삼는 사람들은 자신의 감정을 억압하는 사람들이 많다. 그래서 술을 먹고 자신도 통제할 수 없을 정도로 가정과 자신을 파괴하게 되는 모습을 보여주게 되는 것이다. 많은 사람들이 술이 문제라고 한다. 하지만 그러한 모습을 보이는 핵심에는 감정의 억압이 있다. 즉, 그들은 평생을 자신을 외면해오면서 살아왔고, 술을 통해 부정적으로 자신의 존재감을 인식시키게 되는 것이다.

이렇게 감정을 외면하게 되면 많은 부작용이 생길 수 있다. 과학적으로 연구된 것만 세어봐도 많은데, 아마 연구되지 않은 것들도 추가하여 세어본다면 더욱더 많을 것이다. 감정은 곧 나 자신과 같다. 감정을 외면하는 것은 곧 나 자신을 외면하게 되는 것이다.

06 때로는 둔감해지는 것도 필요하다

신중하게 생각할 시간조차 없을 정도로 너무 많은 일을 하지는 말아야 한다.
– 윌리엄 M. 제퍼스

무관심도 해결하는 방법 중에 하나이다

나는 대학교 이후로 늘 타향살이를 해왔다. 그래서 고향인 대구로 가족을 보러 갈 때는 늘 설레고, 즐겁다. 그래서 가족들을 만나면 오랜만에 보는 거라 첫날은 늘 식사를 함께한다. 하지만 나는 가족들을 보는 것은 좋지만 식사를 함께하는 것은 약간 꺼린다. 왜냐면 늘 내가 주문하지 않은 메뉴가 나오기 때문이다. 그 메뉴는 아버지의 음식 타박이다. 아버지는 입맛이 예민하셔서 조금이라도 짜거나, 싱거운 맛이 느껴지면 그 타박으로 인해 식사 자리가 불편해진다. 그리고 신기하게도 아버지의 밥그릇에서만 돌이 많이 나온다. 머리카락도 아버지의 눈에 그렇게 잘 보일 수가 없다. 물론 아버지는 시력이 좋으셨지만, 단순히 시력이 좋다고 해서 그렇게 머리카락이 잘 눈에 띄지는 않을 것이다. 어쨌든 그렇게 반찬 그릇에 담기지 않아야 할 것들이 눈에 띄면 모든 식사는 중단되었다. 그때부터 조용히 수저를 놓게 되고, 아버지는 어머니에게 폭풍 타박을 하는 삶이 일상이었다.

어릴 때는 이런 아버지가 싫고 미웠다. 왜냐면 어린 마음에 나는 아버지가 어머니를 싫어한다고 생각했기 때문이다. 그래서 늘 어머니의 음식을 핑계로 흠집을 내려고 그러시는 줄만 알았다. 하지만 이제 와서 돌아보면 아버지는 전혀 그런 의도가 아니었다. 아버지는 단지 매우 예민하셨다. 특히 음식에서는 더욱더 까다로웠던 것이다.

여기에서 잠깐 퀴즈를 내보고자 한다. 우리 가족 구성원은 총 4명이다. 우리 가족 구성원 중에서 누가 이 식사의 피해자일까? 식사 후에도 계속 음식의 짠맛으로 고생하는 아버지, 아버지의 타박으로 기분이 상한 어머니, 두 분의 설전을 지켜보며 불안에 떨고 있는 나, 식사 자리에서도 마이웨이를 외치며 밥 먹는 동생. 당신의 정답은? 내 기준으로 정답은 아버지였다. 사실, 나는 지금까지 어머니라고 생각해왔다. 왜냐면 늘 타박을 받으시면 고생은 고생대로 하셨고, 칭찬은커녕 타박만 받으셨기 때문이다. 하지만 어머니는 나의 그런 걱정이 무안할 정도로 쿨한 분이셨다. 아버지의 타박을 받으면 그냥 그 자리에서 화를 내시곤, 뒤돌아서면 언제 그런 일이 있었냐는 듯이 행동하신다. 심지어 드라마를 보며 깔깔하며 웃으시는 모습을 보면 언제 싸웠나 하고 생각할 정도이다. 그래서 우리 식탁에서 가장 크게 손해 본 사람은 바로 아버지다. 식사 후에도 입맛의 예민함을 종종 느끼셨고, 그로 인해 기분이 안 좋으셨기 때문이다.

'둔감하다.'라는 말은 감정이나 감각이 무디다는 의미가 포함되어 있다.

KBS 다큐멘터리 〈마음〉에서 재미있는 실험을 한 가지 했다. 그 실험은 생각의 영향력을 확인하고자 제작되었다. 실험에 참여하는 사람들에게는 식품 테스트라고 알려준다. 그리고 참여자들에게 우유 하나씩을 먹어보고 맛을 평가하도록 부탁한다. 맛을 본 후 평가를 꼼꼼하게 기록한 뒤 개인적으로 맛을 평가하기도 한다

중요한 부분은 바로 여기서부터다. 실험 감독자는 참여자들의 모든 실험이 끝난 뒤에 거짓말을 한다. 그들에게 지금까지 상한 우유를 주었고, 죄송하다는 말을 하게 된다. 그리고 이후에 문제가 생기면 보상을 하겠다는 의견을 전달하게 된다. 흥미롭게도 그 말이 있고 난 뒤부터 참여자들은 이상 증세를 보이기 시작한다. 의미 없이 화장실을 반복하여 다녀오게 되거나, 심하게는 헛구역질을 하기도 한다. 피부에서 반점이 일어나는 경우도 나타난다. 물론 참여자들에게 제공되었던 우유는 신선한 것이다. 하지만 참여자들은 상한 우유라는 말을 들음과 동시에 실제로 몸

에서 문제가 생긴 것처럼 느꼈다.

모든 참여자가 이렇게 신체적 문제를 경험한 것은 아니었다. 그중 일부는 괜찮았다. 이렇게 신체적 문제가 발생한 사람과 그렇지 않은 사람은 어떤 차이가 있었을까? 아마도 상황에 대한 민감성의 차이가 큰 영향을 주었을 것이다. 민감한 사람들은 그 상황을 더욱더 부정적으로 받아들여서 신체적 문제를 경험한 것이다. 반면에 상대적으로 둔감했던 사람들은 지금 당장 신체적으로 드러나는 문제가 없었기 때문에 놀라긴 했지만, 별 대수롭지 않게 넘긴 것이 건강을 유지했던 비결일 것이다. 그래서 둔감함을 갖추고 있다는 것은 어떻게 보면 선물일지도 모르겠다.

필요 이상으로 과민한 사람들은 둔감함이 더욱 필요하다

능력을 개발하거나 목표를 달성하는 것에 있어서도 이 둔감함은 큰 영향을 미치고 있다. 어떤 상황을 바라볼 때 나쁘게 바라보면 얼마든지 나쁘게 바라볼 수 있다. 하지만 가만히 따져보면 내가 그 상황을 무조건 나쁘게 바라봐야 할 이유도 없다. 어디까지나 내 주관적인 판단하에 있다는 소리이다. 그래서 내가 긍정적으로 바라보면 한없이 긍정적으로 바라볼 수도 있다는 것이다. 이렇게 긍정적인 관점을 갖고 원하는 것에 정진해 나가는 힘을 갖고 있다면 결과는 당연하다. 원하는 것을 언젠가는 이루게 된다. 그리고 그 과정도 훨씬 행복할 것이다. 늘 긍정적으로 바라보기 때문에 초조하고, 불안한 마음이 끼어들 틈이 없다. 그래서 노력하는 사람은 즐기는 사람을 절대 이길 수 없다는 것이다.

나중에 그 친구의 성격을 물어보니 자신과는 다르게 느긋한 성격을 갖고 있었다고 했다. 그러니까 처음 낙제를 했더라도 그 친구는 크게 마음의 동요가 없었다. 기분 나빴던 것은 하루면 충분했다. 동생은 그런 친구를 보며 신기할 정도로 차분했다고 하며 너무 부러워했었다. 반면에 동생은 낙제에 대한 불만이 2번째 시험을 응시할 때까지 이어졌다고 했다. 이 얘길 듣고 시험 결과는 이미 나와 있었던 것으로 생각했다. 이 또한 그 상황을 얼마나 덜 예민하게 대처했느냐에 따라서 성적이 달라졌다.

우리는 사회의 흐름에 속으면 안 된다. 사회가 아무리 빠르고, 민첩하게 움직이는 것이 답이라고 말할지라도 나만의 페이스는 유지할 수 있어야 한다. 그런데 지금 우리는 그 흐름에 너무 현혹되어 있다. 빠르고, 예민한 것이 답이라고 생각하고 있다. 그러나 본질적으로 무엇이든 장점이 있으면 단점이 있게 마련이다. 우리는 너무 많은 것들에 과민하게 반응하고 있다. 그러면서 많은 것들을 놓치고 있다. 그래서 지금 경험하고 있는 손해들은 둔감하게 살아봐도 괜찮다는 신호이기도 하다.

물론 우리가 성직자의 삶을 추구하자는 것은 아니다. 성직자들처럼 속세의 것들에서 초월하여 깊은 평화를 누릴 수 있다면야 더 말할 나위가 없이 좋을 것이다. 다만, 현대 시대를 살아가는 많은 사람이 균형을 잃었다는 것이 중요한 부분이다. 즉, 너무 한쪽의 삶만 고집하고 있다는 것이 문제인 것이다. 나도 정신을 차리지 않으면 언제부터 정신을 잃었는지도 모를 정도로 편협한 삶을 살아올 때가 많다. 그래서 습관을 들이려고 한다. 나를 돌아보는 습관. 이렇게 정신 차리지 않으면 나도 모르게 모든 것들에 예민하게 반응하며 날을 세우고 대인관계를 하는 내 모습이 나타나기 때문이다. 그러니 지금 우리는 조금 더 둔감해져도 괜찮다.

07 사람들에게 거절당하는 것이 두렵다

무엇이 옳은 것인지 스스로 결정을 내려야 한다.
죄책감 없이 거절을 할 수 있게 된다면,
우리는 인생을 확실히 자신이 것으로 만들 수 있다.
– 앤드류 매튜스

모든 사람들이 두려워하는 것 중에 하나는 거절이다

사람들 모두 다 한 가지 이상 두려워하는 것이 있다. 벌레, 귀신, 주름 생기는 것, 나이든 아저씨로 불리는 것 등등. 온종일 나열해도 모자랄 것이다. 그 많은 두려움의 대상 중에 많은 사람이 공감할 수 있는 것 하나가 있다면 어떤 것일까? 아마도 그것은 바로 '거절'일 것이다. 거절은 대인관계를 하면서 한 번쯤은 겪게 되는 것이다. 내가 거절을 할 때도 있고, 거절을 당할 때도 있을 텐데, 보통은 거절을 당하는 것에 두려움을 느낀다. 거절을 당했을 때의 수치심, 부끄러움 등은 말로 표현하기 힘들기 때문이다. 물론 모든 사람이 이렇게까지 큰 감정으로 느끼지는 않을 것이다. 사람마다 경험했던 삶이 다르기 때문에 느끼는 감정의 크기 또한 다른 법이다.

심리상담을 하다 보면 거절을 당하는 것에 두려움을 느끼는 사람들이 많다. 그래서 그 거절을 당하지 않으려고 하는 모습들이 애잔함을 불러일으킨다. 그들은 거절을 당하지 않으려고 자신이 가진 에너지를 모두 다 쏟아붓는다. 우선 남들에게 잘 보이려고 한다. 그래서 웬만하면 상대의 눈에 잘 보이려고 비위를 잘 맞추게 된다. 나중에는 결국, 공깃밥보다는 눈칫밥을 먹으며 사는 자신을 만나게 된다. 그리고 그때 자기 삶의 처량함을 느끼게 되고, 아픈 삶을 돌아보게 된다. 또한, 자신이 거절을 못하니까 다른 사람들의 의견을 무조건 들어주게 된다. 그래서 자신도 할 일이 많음에도 불구하고, 다른 사람들의 부탁을 들어주게 되는 것이다. 안타까운 것은 자신이 그 부탁을 들어주면 힘들어질 거라는 것을 알면서도 승낙한다는 것이다.

반면에, 거절하는 것도 어려워하는 사람들도 있다. 거절당하는 것에 대해서 두려움을 가진 사람들은 동시에 거절하는 것도 어려워한다. 그러니까 '거절'이라는 키워드에 자신의 모든 심리적 에너지가 묶여 있게 되는 것이다. 그래서 어떤 사람에게는 그냥 쉽게 할 수 있는 거절이 그 사람에게는 세상에서 제일 어려운 일이 되는 것이다. 그 거절을 하게 되면 어떤 일이 일어나게 되며, 자신에게는 어떤 일들이 생기며, 나중에 관계는 어떻게 될지…. 몇 초 만에 장편 드라마가 재생되는 것이다.

예를 들어, 내가 만약에 거절을 하게 되면, 그 사람이 나를 싫어하게 되는 상황이 벌어질 것이라고 상상하게 되는 것이다. 실제 장면처럼 말이다. 물론 그 상상이 일어날 수도 있고, 아닐 수도 있다. 하지만 이들에게는 이 상상이 곧 현실과 같다는 것이 문제인 것이다. 너무도 현실과 같아서 거절을 할 수가 없는 것이다. 그리고 그 두려움도 생생해서 모든 일들이 정지되게 만든다.

이쯤 설명이 된 것을 보면, 이들에게는 끔찍한 벌레, 귀신보다 더 무서운 것은 바로 거절이라는 것을 알 수 있다. 그렇다면, 거절이 왜 그토록 두려운 것으로 다가오는 것일까? 그 이유는 바로 심리적 이유에서 찾아볼 수 있다.

거절에 대해서 두려움을 크게 느끼고, 민감하게 느끼는 사람들은 어릴 때 중요한 사람이나 부모와의 관계에서 문제가 있었다. 그 당시 자신의 욕구가 받아들여지는 경험이 부족했다. 한편, 여기서 중요한 사람이라고 한다면, 자신이 어릴 때 주로 양육해준 사람들을 일컫는다. 그래서 어릴 때 계속해서 자신의 욕구를 거부당하는 경험이 많으면 많을수록 거절에 대한 민감성이 커지는 것이다. 어릴 때 거부당했던 경험이 많으면 성인이 되어서도 그 민감성은 사라지지 않는다. 또한, 성인이 되어서 거절당하는 경험이 없었다고 하여도, 어릴 때의 경험이 성인이 되어서도 여전히 지속하는 것이다. 거부에 대한 민감성은 가정폭력이나, 정서적으로 알아주는 사람이 없었거나, 혹독한 양육 등을 통해서도 발달할 수 있다.

이런 현상들 때문에 어릴 적 부모와의 관계가 절대적으로 중요하다고 말하는 것이다. 심리학을 접하게 되면 『모원병』이라는 책을 꼭 읽게 된다. 이 책의 저자인 규토쿠 시게모리는 모든 병의 원인은 어머니와의 관계 속에서 일어난다고 주장하고 있다. 어릴 적 어머니와의 관계가 나쁘면 이후에 발달하면서 신체적, 정신적 문제들이 발생하게 된다는 것이다. 모든 어머니에게는 참으로 섬뜩한 얘기이다.

아동 상담을 하게 되면 이유 없이 두통을 호소하는 경우가 많다. 이렇게 두통을 호소하는 아이들은 신체적 문제 때문에 두통을 호소하는 경우도 많지만, 심리적인 문제를 호소하는 경우도 절대 적지 않다. 사실, 가만히 들여다보면 이 경우는 거의 다 부모 및 어머니와의 관계가 좋지 않아서 생기는 문제들이다. 아동들은 부모 관계 속에서 자신의 감정을 제대로 처리하는 방법을 배우지 못했고, 감정 처리할 수 있는 기회들을 놓치기 때문에 심리적인 문제가 생기게 되는 것이다. 그래서 내면에서 처리되지 않은 감정들이 신체에 영향을 주게 되고, 신체가 내면의 상황을 그대로 반영하는 것이다.

예를 들어, 어떤 사람은 대인관계를 하면서 거절에 대한 두려움이 너무 크고, 두통이 심하다는 것으로 의뢰되었다. 그 내용을 찬찬히 살펴보니 사람을 만나면 상대가 자신을 거절하지 않을까 늘 초조함을 느끼는 것이었다. 그리고 원치 않게 자신이 계속해서 거부당하는 생각들이 떠오르는 것이었다. 무엇보다 중립적인 상대의 태도가 자신이 받아들이기에는 거부로 받아들여지는 것이 문제였다. 쉽게 말해, 상대는 단순히 자신의 의견에 대해서만 거절한 것인데, 이들은 더 민감하게 받아들여서 자신 자체에 대한 거부로 여겨서 고통을 호소하게 되는 경우인 것이다.

이런 고통을 호소하는 사람들은 거의 다 어릴 때부터 어머니가 늘 바쁘고, 예민하셔서 정서적으로나 물리적으로 사랑받을 시간이 부족했다고 볼 수 있다. 핵심적으로 아이는 어머니의 관심을 원했지만, 어머니는 각자만의 이유로 그 욕구에 반응하지 못했다. 반응했더라도 거절에 대한 민감성이 크다면, 어머니가 아이들의 욕구에 적절하게 반응하지 못했을 가능성이 크다. 어쨌든 이런 과정에서 자신의 존재를 인식시키기 위해서 최선을 다했지만, 결국 받아들여지지 못한 것이다.

그러니 성인이 되어서도 그 관심을 받지 못할까 봐 두려운 것이다. 무엇보다 이 두려움 속에서는 어머니의 사랑을 잃어버리거나, 버림받을 것 같은 불안을 느끼고 있다. 심리학에서는 이를 유기 불안이라고 한다. 유기 불안은 실제로 대상의 유무와는 크게 상관이 없다. 심리적으로 자신이 느끼게 되는 것이다.

이렇게 유기 불안을 어릴 때부터 많이 경험하게 되면 성인이 되어서 대인관계를 할 때 특징적인 모습들이 나타나게 된다. 보통 두 가지 유형으로 구분이 된다. 의존하거나 거부하는 방식이다. 먼저 의존하는 방식은 말 그대로 다른 사람에게 의존하는 것이다. 사실, 이런 모습들은 누구에게나 있지만, 어릴 때 유기 불안을 크게 느낀 사람들은 좀 더 심하게 나타난다고 볼 수 있다. 자신이 버려진다는 것을 느끼지 않으려 하므로, 웬만하면 자신의 주장을 하지 않게 되는 것이다. 즉, 'Yes'맨이 되는 것이다. 앞서 소개했던 예의 의뢰자처럼 모든 일을 받아들이는 것이다. 또한 이들은 자신이 바뀌고 노력만 한다면 꾸준하게 사랑을 받을 수 있다는 생각을 하고 있다.

두 번째로 거부하는 방식이다. 이는 다른 사람들과 관계하면서 미리 애초에 거부하거나 거절하는 방식으로 나타나는 것이다. 이러한 대인관계 방식을 보이는 경우도 마찬가지로 자신이 버려진다는 느낌을 미리 차단하기 위해서 애초에 거리를 두는 것이다.

중요한 것은 단 한 가지다. 어릴 때 나의 유년기 시절을 돌아보는 것이다. 그리고 유년기 시절 어머니와 혹은 주로 나를 키워준 사람들과 어떻게 관계했는지를 살펴보는 것이다. 모든 문제는 여기에서 시작되기 때문이다.

현재 내가 거절과 관련한 두려움으로 대인관계에서 큰 어려움을 겪고 있다면 걱정하지 말길 바란다. 충분히 극복해낼 수 있다. 현재 경험하는 모든 문제들은 현실이 아니라 나의 상상 속에서 일어나는 일들이라는 것을 꼭 유념해두길 바란다. 심리적인 문제는 심리적인 대응으로 치료가 가능한 법이니까.

내 인생을 위해 가지면 좋은 기준 : "당당히 돈을 원하고, 사랑하라."

인생에서 돈은 매우 중요한 주제이다. 심리상담을 진행하다 보면 돈과 관련된 문제가 빠지지 않는 것을 보면, 더욱더 실감한다. 한번은 친구와 '돈'에 대한 얘길 나누었다. 그 과정에서 자신도 돈을 어떻게 다룰지 몰라서 어떤 태도와 마인드를 가지면 좋을지에 대한 고민을 나누었다. 그리고 초등학교 때에 지식만 교육하는 것이 아니라 '돈'에 대한 것들을 알려주는 교육 과정도 포함되면 좋겠다는 생각을 했었다. 당시 크게 생각의 전환이 되며 나 또한 그 생각에 적극 동의했었던 기억이 있다.

그런데, 우리나라 문화에서는 암묵적으로 돈에 대한 언급을 조심스러워한다. 특히, 돈에 대한 욕구를 당당히 밝히기는 더욱 조심스럽다. 아마도 그런 모습을 보일 경우, 속물로 취급되거나 의심 어린 눈빛을 받게 된다는 불안이 있기 때문이다. 즉, 어릴 때부터 돈에 대한 욕구를 내비치는 것은 안된다는 것을 학습해왔다는 것이다. 그래서 돈 앞에서는 겸손해하고, 관심 없는 티를 내는 것이 격 있는 한국인의 덕목 중에 하나이다.

사실, 이런 모습은 예의 있고, 건강한 모습으로 비춰질 수 있지만, 자신에게 솔직하지 못한 모습을 갖게 한다. 양면적인 태도를 갖게 한다는 것이다. 겉은 아닌 척하지만 속은 원하고 있다는 것이다. 이는 시간이 지날수록 더욱더 원하게 되는 문제를 낳는다. 이런 과정이 반복되면 집착과 같은 심리적 현상을 보이게 된다. 이후에 집착이라는 모습을 보일 때 손쓰기에는 너무 늦어버린다.

이런 모습은 어른에게 반항하는 아이와 같다. 반항을 하는 아이는 어른들에게 제제를 받기 마련이다. 그 아이는 자신의 생각과 감정을 한 번이라도 인정받고 싶었을 것이다. 하지만 그 한 번을 인정받지 못했기에, 제제할수록 그 아이는 더욱더 반항하고, 이탈하게 된다. 마음이란 그렇다. 한 번만 제대로 인정해주면 되는데, 그게 안 되어서 많은 문제를 일으킨다.

돈에 대한 욕구 자체가 잘못된 것이 아니다. 그 욕구로 인해서 다른 사람을 해할 때 문제가 되는 것이다. 그러니 당당하게 돈을 원한다고 말하자. 일단 스스로부터 인정하자.

3장

비교를 그만둘 수는 없을까?

01 비교를 할 수밖에 없는 현실이다

남과 비교하지 말라. 그에게 그의 인생이, 나에게 나의 인생이 있다

– 이무석

비교가 일상인 사회에 살고 있는 우리

요즘 SNS가 계속해서 열풍이다. 길거리를 지나가다 보면, 대부분의 사람들이 스마트폰을 들고 다니며 실시간으로 확인한다. SNS는 기존의 미디어 매체가 가진 부분들을 혁신적으로 보완했다. 시간과 공간의 제약을 받지 않고, 더 빠르게 확인할 수 있다. 그리고 자기 생각과 의견을 충분히 표현할 수도 있는 장점이 있다. 그래서 SNS는 좁게는 내 주변의 사회적 관계에 긍정적 영향을 주고, 크게는 사회적 흐름, 사회 자본 형성에도 영향을 주게 된다. 즉, 우리가 현재 어떤 사람들과 소통하고 있는 것이 모여서 사회적 흐름을 형성한다는 것이다.

그런데, 요즘 흐름이 하락세에 접어들었다. KT그룹의 디지털 미디어렙 나스미디어에서는 '2018년 인터넷 이용자 조사'를 실시했다. 그 결과로 'SNS를 이용한다.'라는 응답자가 81.6%를 기록했다. 이는 전년도에 비하면 2.3% 감소한 결과이다. 이 결과와 관련해서 다양한 의견들이 있다. 이 조사의 주요 관계자는 SNS에 오랫동안 노출되어 있고, 그로 인해 피로감을 느낀다는 것을 주요한 이유로 꼽았다. 사실, 2017년도에도 같은 조사를 했었다. 하지만 그 당시에는 0.2%의 감소만 보여서 SNS의 하락세라고 단언하기 어려웠다. 하지만 올해의 감소세는 확실하게 감소세로 볼 수 있었다. 이런 결과는 하락세로 접어들게 한 이유를 파악하는 것이 필요하다는 것을 말해주는 신호이기도 했다.

이런 현상에 대해서 학계도 관심을 두고 있었다. 그중 한 가지 설명은 '이제 더이상 SNS를 하는 것이 즐겁지 않다.'라는 것이다. 즉, SNS를 하면서 피로감을 많이 느낀다는 것이다. 시대가 급격하게 발달하며 다양한 영역에서 빛을 받았다. 하지만 그로 인해 동시에 그늘도 많이 생겼다. 그중 하나가 SNS 피로증후군이다. 이는 말 그대로 과다한 SNS 이용 때문에 발생하게 되는 피로감을 말한다.

사실, 피로감은 자신이 원치 않는 일을 할 때 생기는 것이다. 우리가 처음에 SNS를 할 때는 분명 재미있었다. 소통도 하고, 나의 삶을 공유도 하며, 모두가 연결감을 느끼며 그 과정을 즐겼다. 하지만 언제부턴가 재미가 아닌 일이 되었고, 그 과정을 나도 원치 않는 것이 되었다.

원치 않는 일이 된 핵심은 무엇일까? 그것은 바로 '비교'다. SNS는 내가 좋든, 싫든 연결된 타인의 삶을 공유받게 된다. 그러면 우리는 의식적이든, 무의식적이든 그 피드를 보며 비교를 하게 된다. 그런데 그 과정은 내게 늘 좋은 경험만을 주지 않는다. 왜냐면 SNS상에서는 자신의 좋은 모습만 보여주고, 화려한 것만 공유하게 된다. 그래서 자연히 자신의 삶과 비교하게 된다. 비교는 때로 나를 더 성장하게 만드는 도구이기도 하지만 이렇게 원치 않게 계속해서 노출되니 싫어진다. 그리고 그 감정이 쌓여서 피로감으로 변하는 것이다.

이는 과학적으로 연구가 진행되기도 하였다. 미국 성격 및 사회심리학협회에 따르면 뉴스 피드를 읽은 사람은 읽지 않은 사람보다 더 많은 불행을 경험하게 된다고 밝혔다. 즉, 뉴스 피드에 계속해서 접하게 되는 사람들은 긍정적인 감정보다는 부정적인 감정을 느낄 때가 더 많다고 답한 것이다.

그렇다. SNS를 하면서 비교하는 태도는 내 마음대로 통제할 수 없다. 그리고 나는 이것을 알고 있다. 하지만 자꾸 그런 것들에 노출되고, 보게 되니까 또 비교하고 싶어진다.

하면 할수록 불행해지는 비교. 왜 자꾸 하게 되는 것일까? 이를 제대로 알아야 우리가 좀 더 행복해지기 위한 계획을 세워볼 수 있을 것이다. 만약 그렇지 않다면, 행복과 불행의 시소를 끊임없이 타야 할 것이다.

첫째, 우리는 어릴 때부터 경쟁 사회 속에서 성장해왔다. 2017년 광주과학기술원의 한국개발연구에 따르면 각 나라의 고등학생들에게 자국의 고등학교 이미지에 대해서 설문 조사를 실시하였다. 이 설문 조사에는 한국, 중국, 일본, 미국이 참여했다. 참여자들이 선택할 수 있는 내용은 크게 3가지였다. '함께하는 광장', '거래하는 시장', '사활을 건 전장'이었다. 한국의 고등학생들은 안타깝게도 자신의 고등학교는 참교육을 통해서 성장하는 곳이 아니라 생사를 두고 싸우는 전쟁터라고 본 것이다. 이런 사회 풍토 속에서 비교는 필수인 것이다. 왜냐면 자신의 성장을 돌아보는 것은 무의미한 짓이기 때문이다. 나의 성장은 누군가를 이길 때에만 의미가 있게 되는 것이다. 그리고 그 세계에서는 그것이 진정한 성장이기도 하다. 그래서 고등학교를 졸업하면서는 졸업장과 함께 비교의 안경 혹은 렌즈를 선물 받아 더 큰 사회로 나가게 된다.

이런 비교는 남는 것이 없다. 비교에 쓸 에너지를 자신이 원하는 곳에 쓰지 못한다는 것이 가장 큰 문제이다. 그러니까 비교하다가 세월이 흘

러간다는 것이다. 그렇지만, 너무나 습관이 되어버린 비교는 손쓸 수가 없다.

둘째, 우리나라 문화는 집단주의이다. 보통 집단주의적 문화와 개인주의적 문화 두 가지로 분류하게 되는데, 우리나라는 집단주의 문화에 속한다. 집단주의 문화 속에서는 자신을 정의할 때 자신만을 보고, 생각하여 정의하지 않는다. 즉, 다른 사람들과의 관계, 집단 속에서 내가 어떤 존재인지에 따라서 정의된다는 것이다. 예를 들어, A라는 고등학생은 학교에서 학습 능력이 현재하게 떨어진다. 그래서 주변 사람들의 평가도 좋지 않다. 그래서 A라는 학생은 자신의 존재를 인정받기 전에 자신이 속해 있는 집단 속에서 어떻게 받아들여지느냐가 큰 영향을 준다. 그래서 우리는 자신만의 집단 속에서 나름의 가치를 인정받고, 입지를 굳히기 위해서 무한 경쟁을 하는 것이다. 그 경쟁은 마치 폭주 기관차처럼 동력이 끊어지지 않는 이상 계속해서 이어진다.

개인주의와 집단주의 문화의 차이를 보여주는 연구가 있다. 일본과 미국 학생들에게 같은 그림을 보여준다. 이 그림에는 5명의 학생이 있다. 5명 중 가운데 학생은 행복한 표정을 하고 있다. 하지만 가운데 학생 외의 4명은 슬픈 표정을 하고 있다. 여기에서 각 문화권의 학생들에게 질문하게 된다. 질문은 간단하다.

'가운데 있는 학생은 기분이 어떤가?'

결과는 흥미로웠다. 개인주의 문화권 학생들과 집단주의 문화권 학생들이 명확하게 다른 반응을 보였다. 개인주의 문화권에 속하는 미국 학생들은 가운데 학생을 행복하거나, 기분이 좋아 보인다고 응답하였다. 반면에, 집단주의 문화권에 속하는 일본 학생들은 가운데 학생을 부정적인 기분으로 평가했다. 일본 학생들에게 그렇게 생각한 이유가 무엇인지 확인하기 위해서 추가 질문을 했다. 그들은 거의 다 다른 주위 사람들과 연계해서 가운데 사람의 기분을 평가한 것이다. 다시 말해, 가운데 사람이 아무리 행복한 표정을 짓고 있더라도 주위 사람들이 불행하거나 슬픈 표정을 짓고 있다면, 가운데 사람은 불행한 기분을 가질 거라고 본 것이다. 하지만 미국 학생들은 달랐다. 오로지 가운데 학생의 표정만 보고 판단을 했다.

이 연구가 알려주는 것은 단순하지만 매우 중요하다. 우리가 사는 문화권은 혼자서 나 자신이 정의될 수 없다는 것이다. 다른 사람들이 있기에 내가 존재할 수 있다는 것이다. 그래서 우리는 비교를 해야 내가 존재할 수 있는 사회인 것이다. 그러니 지금까지 나도 모르게 자꾸만 비교했다. 원치 않는 비교를 끊임없이 하며, 나 자신을 자책했다면 용서하길 바란다. 그건 내 잘못이 아니다. 우리나라 문화는 서로를 비교해야 개인이 존재할 수 있기 때문이다.

우리나라 문화가 너무 싫은가? 하지만 이 문화가 싫다고 미국에 당장 이민을 갈 수도 없는 노릇이다. 중요한 것은 우리나라 문화에 대한 이해가 부족했다는 것이다. 그래서 쓸데없이 나 자신을 계속해서 갉아먹는 사고방식을 취해왔다. 그리고 비교로 인해 필요 이상으로 자존감이 떨어졌다.

우리는 앞으로 이 문화가 동전의 양면처럼 나에게 장점이 될 수도 있고, 단점이 될 수도 있다는 것을 알아야 한다. 문화를 제대로 알아야 그 속에서 휘둘리지 않는다. 제대로 일어서서 기능할 수 있다는 것이다. 우리나라 문화에서 장점이 될 수 있는 것은 활용하고, 단점이 될 수 있는 것은 적당히 피하거나, 나 자신을 고쳐나가야 할 것이다.

비교는 우리의 삶이다.

02 SNS 속 사람들과 나를 비교하지 마라

사람의 행복과 불행을 좌우하는 것은 비교이다.
– 풀러

비교는 남는 것이 없는 장사이다

'띠리링'

나의 SNS에서 울리는 알림이다. 그래서 나는 무심코 스마트폰 화면에서 나타나는 팝업 버튼을 누른다. 화면에서 보이는 사진을 보았다. 그 사진은 매우 화려했다. 사진 속에는 휘황찬란하게 꾸며진 트로피가 있고, 활짝 웃고 있는 사람의 얼굴이 있다. 그리고 그 밑에는 많은 사람의 축하와 감사의 메시지들이 연이어 댓글로 달리고 있었다. 한동안 축하의 분위기는 무르익어서 축제 분위기로 넘어간다. 더 많은 사람이 모이고, 축제의 분위기는 그칠 줄 모른다.

그런데, 그 축제의 분위기가 이어질수록, 뭔가 모르게 내 마음은 더 불편해진다. 뭔가 더욱더 내 삶으로부터 동떨어져가는 것 같다. 핸드폰에 있던 내 시선은 자연스럽게 나를 향해간다. 그러나 시선을 돌리려다가 멈칫한다. 지금의 내 모습이 얼마나 초라한지 알기 때문이다. 그래서 내가 나 자신을 그대로 바라볼 자신이 없다. 집에서 핸드폰이나 하며 잠옷 차림으로 있는 내가 싫어진다. 깊은 한숨과 함께. 스마트폰의 '뒤로' 버튼을 강하게 연타한다. 애꿎은 스마트폰에 화풀이해본다.

나는 집에서 쉬는 중이었다. 하지만 그 일 이후로 나는 우울함으로 가득한 하루를 보냈다. 왜냐면 애써 감추고, 누르고 있었던 내 열등감이 그 사진으로 인해서 불쑥 튀어나와 버린 것이다. SNS는 자신의 삶과 일상을 공유하는 온라인 세계이다. 그래서 그 친구는 온라인 세계에서 삶을 충실히 산 것뿐이다. 자신의 일상을 공유하는 것이 그 세계에서는 당연한 모습이니까. 하지만 나는 그 사진을 올린 친구를 괜히 미워하며 열등감에 사로잡힌 내 마음을 애써 감추며 넘어갔다.

무엇이 문제였을까? 황금 같은 그 휴일을 우울함으로 보내게 되었던 근본적인 이유 말이다. 나는 사실 그 친구를 마음속으로 탓했다.

'쟤만 아니었으면, 오늘 내 휴일은 그래도 평범했을 거야! 더 나빠질 일은 없었다고!'

그러나 진짜 문제는 그것이 아니었다. 나는 고귀한 내 삶을 친구의 삶과 비교했다. 그 비교 한 번으로 내 하루는 휴식이 아닌 우울함으로 가득 차게 되었다. 소중했을 내 삶이 열등한 삶으로 둔갑하는 하루였다. 진짜 나를 우울하게 했던 것은 그 친구가 아니라 '비교'였던 것이다.

이렇게 비교는 자신의 삶을 늘 불행으로 몰아넣는다. 그것도 아주 빠르게. 그와 더불어서 자신의 성장판을 닫히게 만든다. 여기에서 말하는 성장판은 무릎에 있는 것을 말하지 않는다. 심리적 성숙을 일컫는다. 심리적 성장이 멈춰버리면 신체적으로 성장이 멈춰버린 것보다 더 큰 문제를 일으킨다.

두 명의 선수가 있었다. A라는 선수는 늘 경쟁적이고, 시기심이 많다. 그래서 대회 성적도 좋은 편이다. 그리고 B라는 선수는 성적은 A 선수보다는 낮다. 하지만 자신의 스포츠를 좋아하고, 늘 즐기는 타입이다. 그래서 자신의 운동을 공부하고, 더 발전적으로 나갈 수 있도록 연구한다.

두 명의 선수 중에 누가 더 성공한 삶이라고 할 수 있을까? 늘 성적이 좋고, 경쟁적인 A 선수? 아니면 운동을 즐기고 자신이 발전적으로 나갈 방법을 연구하는 선수 B? 정답은 없다. 어떤 기준을 두고 두 선수를 평가하느냐에 따라서 다를 것이다. 관점의 차이만 낳을 뿐이다. 여기에서 내가 말하는 성공의 기준은 자신의 삶과 직결되어 있다. 얼마나 그 삶을 소중하게 여기고, 행복하게 여기며, 어려운 일이 있더라도 쉽게 좌절하지 않고 꾸준하게 나아갈 수 있는지에 따라서 성공의 평가가 달라질 것이다.

나는 B 선수가 성공했다고 평가하고 싶다. B 선수는 자신의 삶을 진정으로 즐기고 있기 때문이다. 그러면서 자신의 직업이자 취미이자 특기인 운동을 사랑하고 있으니 그의 삶은 더 살펴볼 것도 없다. 행복함을 매일같이 누리고 있기 때문이다. 적어도 B 선수에게만큼은 수많은 직장인이 경험하는 월요병이 해당하지 않을 것이다.

B 선수가 성공했다면, A 선수는 실패한 것일까? 그렇지 않다. 나는 개인적으로 B 선수가 좀 더 행복하다고 생각하는 것이다. 경쟁 자체가 나쁘다고 생각하지 않는다. 자신이 역경에 있을 때 그 경쟁심은 더욱 빛을 발할 것이기 때문이다. 하지만 타인과의 비교를 바탕으로 한 경쟁은 자신의 성장을 가로막는 것이 큰 문제라고 생각하기에 B 선수의 성공을 높이 평가하고 싶은 것이다. A 선수는 평소 경쟁상대로 B 선수를 두고 있다. 반면에, B 선수는 어떤 누군가를 경쟁 대상으로 여기지 않는다. 자신의 경쟁 대상은 오로지 자기 자신밖에 없다. 그래서 다른 사람과의 관계가 나빠질 일이 없고, 결과가 아닌 과정을 즐기는 삶을 살 수밖에 없다. 결국, A 선수는 심리적으로 늘 성장하는 삶을 살 수밖에 없다.

일찌감치 세계적인 철학자들을 포함하여 많은 석학도 비교는 우리의 인생에 있어서 필요가 없다고 지적하였다. 그리고 그 주장은 아직도 많은 사람의 삶에 적용되고 있다. 그런데, 비교가 우리의 인생과 삶에 유해하다는 것을 깊게 깨닫는 사람들이 없다. 다시 말해, 비교가 우리의 삶에 유해하다는 것에 많은 사람이 동의한다. 하지만 동의한 내용을 실제로 실천하는 사람들을 보기 드물다. 그런데, 여기에 그 깨달음을 제대로 실생활에 실천하는 사람이 있다.

한국책쓰기성공학코칭협회의 김태광 대표이다. 일명 김도사로 불리는 그는 한국에서 가장 많은 작가를 양성해냈다. 한 해 100명에 가까운 작가들을 배출한다. 실로 놀라운 수치가 아닐 수 없다. 그가 그렇게 놀라운 성과를 보이는 이유 중의 하나는 작가들을 양성할 때 독특한 규칙이 있다. 그것은 바로 수강생들끼리 절대로 메신저 방을 형성하지 않도록 권고하는 것이다. 그 이유는 서로 비교하지 않는 환경을 만들기 위함이다.

사실, 어느 워크숍이나 프로그램을 수 주 간에 걸쳐서 진행하게 되면 수강생들끼리 친분이 쌓일 수밖에 없고, 자연스럽게 수업 외 오프라인 만남을 하게 된다. 그리고 메신저 아이디도 함께 공유하여 서로 격려와 지지를 주고 받기도 한다. 하지만 그는 오랜 세월 작가 양성 프로그램을 이끌어오며 비교가 얼마나 인간에게 해악인지 알고 있었던 것이다. 책

쓰기를 하다 보면 진행을 빠르게 하는 사람도 있고, 그렇지 않은 사람도 있다. 그 과정에서 평소에 꾸준히 책 쓰기를 잘하고 있는 사람도 먼저 앞서 나가는 사람들을 접하게 되면 마음이 조급해지고, 페이스가 흔들리게 되는 것이다. 그래서 기존에 자신만의 책 쓰기가 목표였던 것이 다른 사람을 따라잡기 위해서 노력하게 되는 것이다. 처음 책 쓰기를 시작한 본질적인 목표가 바뀌어버린 것이다. 잘하던 사람도 흔들어 놓고, 늪으로 몰고 가는 것이 비교라는 것이다.

이렇게 자신의 깨달음을 실천으로 적용하는 그의 작가 양성 철학은 많은 사람에게 귀감이 되었다. 그리고 무엇보다 한 해 100명 이상의 작가를 양성해내는 결과가 대신 대답을 해주고 있다.

비교는 내 삶을 힘들게 할 수도 있고, 힘이 나게 만들 수도 있다. 하지만 대부분의 사람은 비교를 활용하는 것이 아니라 비교에 지배당하는 삶을 살고 있다. 나 또한 마찬가지다. 그래서 우리는 더 나은 삶을 향해 나가기 위해서는 이 비교가 얼마나 부정적인 영향을 주고 있는지 확인해야 한다. 나는 그 비교가 내 삶에 아무런 도움이 되지 않을 때가 많다는 것을 깨닫고, 늘 일상에서 실천하고 있다. 김태광 대표를 모델로 두고, 나 자신의 성장을 목표로 살아가고자 한다. 그랬더니 내 삶에는 어느 때부터 긴장이 아닌 평온이 스며들기 시작했다. 각박한 세상이 아닌 한번 살아볼 만한 세상에서 다시 살게 된 것이다.

아직도 노력 중이다. 그 평온이 내 삶에 더욱더 스며들도록 말이다. 이 평온함이 언제 가득해질지는 모르겠다. 하지만 이렇게 조금씩 평온을 느끼는 것이 이전의 우울했던 내 삶을 변화시킨 것은 분명하다.

나와 다른 사람을 비교하고 있다면, 잠깐 멈추자. 비교를 멈추는 것은 평온을 맞이할 준비가 되었다는 뜻이다. 당신에게도 그 삶을 진중하게 권유하고 싶다.

03 자존감이 높은 사람은 비교하지 않는다

자신을 타인과 비교하지 않는 것에서부터 자신감이라는 씨앗이 자라게 된다.
– 에이브러햄 매슬로우

자신을 낮게 여기는 마음, 그것은 질투

자존감은 자신을 사랑하고, 존중하는 마음이다. 그래서 자존감이 높은 사람들은 자신을 충분히 사랑하고, 존중할 줄 아는 사람들이다. 영국의 천문학자였던 존 허셜은 "자존이야말로 모든 미덕의 초석이다."라고 하였다. 그만큼 자존감은 인간에게 있어서 매우 중요한 요소이다.

그렇다면, 이렇게 자신을 사랑하고, 존중한다는 것은 구체적으로 어떤 모습으로 나타날까? 그중에 핵심적인 것은 바로 자신과 다른 사람들을 비교하지 않는 것이다. 그래서 그들은 다른 사람들에게 매력적으로 보인다. 비교를 하다 보면 아무래도 열등의식을 많이 느낄 수밖에 없는데, 자존감이 높은 사람들에게는 그런 모습이 보이지 않기 때문이다. 늘 자신감에 차 있고, 자신의 선택을 밀고 나갈 줄 안다. 게다가 다른 사람들의 눈치를 크게 보지 않는다. 주관이 뚜렷하다는 뜻이다. 그래서 이런 모습은 굳이 자신이 어떤 매력을 갖고 있다고 어필하지 않아도 주변 사람들이 자연스럽게 느끼게 된다. 그리고 자존감이 높은 사람과 함께 하다 보면 어느새 그의 매력에 흠뻑 빠져들게 된다. 그에 대한 태도나 인상 또한 긍정적으로 형성된다.

나는 항상 한 동생을 질투하고 있었다. 그는 항상 무엇을 하든 자신감이 있었고, 긍정적인 모습을 보였다. 또한, 유쾌한 면도 있어서 주변의 인간관계도 좋았다. 그래서 내게 없는 것들을 모두 갖춘 그 동생을 마음속으로 질투하고 시샘해왔다. 그러면서 나는 조금씩 피했다. 질투 나는 내 마음을 다잡는 것이 힘들었기 때문이었다. 무엇보다 그 동생을 마주할 때마다 내 열등감을 마주해야 했기에 힘들었다. 그러다가 한번은 우연히 그와 함께 프로젝트를 함께하게 되었다. 사실, 대외적인 과제였기에 그곳에서 만날 생각을 못 했다. 그런데, 거기에서 만나니까 반가우면서도 불편한 마음을 느꼈다.

그렇게 어쩔 수 없이(?) 나는 동생과 함께 조를 이루게 되었고, 함께 프로젝트를 수행했다. 그러면서 자연스럽게 동생과 시간을 좀 더 보낼 일들이 많았다. 그 기회로 이전보다 좀 더 친하게 지내게 되었고, 과제 이외에도 서로의 많은 얘기를 털어놓으며 지내곤 했다. 한번은 초등학생 영재가 나오는 프로그램을 보고 같이 얘기를 나눈 적이 있다. 나는 그 아이들을 보며 그들이 가지고 있는 인지 능력과 학습 능력에 부러움과 놀라움을 금치 못했다. 그래서 프로그램을 보며 느꼈던 소감과 부러움을 얘기했다. 하지만 동생은 나를 이해할 수 없다는 듯이 쳐다보며 내게 한마디 했던 것이 기억난다.

"형. 그게 부러워요? 나는 안 부러운데?"

"왜? 머리가 정말 좋던데. 부럽지 않아?"

"아뇨. 저는 제 머리가 진짜 좋은걸요. 얼마나 뛰어난데요. 물론 걔네들 정도는 아니지만요."

당시에는 속으로 질투했었다. '얼마나 대단하길래 부러워하지도 않는 거야?'라며 비꼬아 생각했다. 하지만 지금 돌아보면 동생의 그 말은 자존감이 충분했기에 할 수 있는 말이었다. 가만히 생각해보면 그 높은 자존감은 바로 그 누구와도 비교하지 않은 것에서 시작된 것이었다. 나이로는 분명 동생이지만, 자신을 대하는 태도만큼은 배울 점이 분명하고, 존경스러운 동생이었다.

자기 자신을 비교 대상으로 삼아라

한 가지 재미있는 사실이 있다. 그것은 자존감이 높은 사람들도 비교 대상이 아예 없는 것은 아니다. 그들도 비교한다. 그렇다면 그 대상은 누구일까?

그 대상은 외부에 있는 것이 아니라 내부에 있다. 즉, 자기 자신을 비교 대상으로 놓고 보는 것이다. 자신이 이전과 지금 얼마나 달라졌는지, 그리고 앞으로 어떻게 달라질 것인지에 대해서만 놓고 본다는 것이다. 그래서 이들은 결과주의에 빠지는 일이 없다. 늘 과정을 중요시하며 한 걸음, 한 걸음 나아간다. 이것이 바로 그들이 자존감이 높은 비결이다.

2013년 한반도를 뜨겁게 만든 여성이 있다. 그 사람은 바로 피겨스케이팅의 여제 김연아다. 그녀는 국민 영웅이라고 할 정도로 많은 사람에게 꿈과 희망을 주었다. 또한, 그녀의 피겨스케이팅은 말로 표현할 수 없을 정도로 아름답게 평가된다. 특히, 그녀의 장기인 트리플 러츠-트리플은 형언하는 것 자체가 조심스러울 정도이다. 그런 그녀는 2010년 밴쿠버 올림픽에 출전해서 금메달이라는 쾌거를 이루게 된다. 줄곧 우리나라 피겨스케이팅은 크게 인기를 얻지 못하는 비인기 종목이었다. 그런데, 김연아의 존재로 대중의 인기를 크게 얻는 계기가 되었다.

김연아는 그렇게 밴쿠버 올림픽을 금메달로 장식하며, 개인적으로 잠정 은퇴를 선언하며 선수 생활 외에 다양한 활동을 이어간다. 그러던 중 그녀는 2013년 세계선수권대회에 다시 참여하게 된다. 국민들은 여제를 빙상장에서 다시 볼 수 있어서 좋았지만, 그녀는 개인적으로 부담이 컸다. 왜냐면 아무리 뛰어난 선수들이라도 1년 이상의 공백기 뒤에는 이전의 실력을 발휘하지 못했기 때문이다. 공백기 이후에 참가하는 공식 대회에서 좋은 성적을 거둔 선수는 없었다는 것이다. 아무래도 성공을 거뒀던 선수들은 모두 다 심리적으로도 동기를 가지지 못해서 좋은 모습을 보여주지 못했을 것이다. 하지만 김연아 선수는 심리적으로 어려운 조건을 갖고 있음에도 불구하고 참여했다. 심판들은 그녀의 복귀전을 시험하듯 편파 판정이라는 말이 나올 정도로 인색한 점수를 부여했다.

그러나 모든 사람의 걱정은 허상에 불과한 것이 되었다, 모든 사람의 예상을 뒤엎고, 그녀는 다시 한번 2013년 세계피겨선수권에서 1위라는 쾌거를 이뤄낸다. 공백기 이후에 참여한 선수라고 보기 어려울 정도로 놀라운 기량을 보여준 것이다. 점수는 그 모습을 방증했다. 혼자서 200점 넘는 점수를 얻고, 2위와의 점수는 20점 가까이 차이 났다. 그녀도 놀랐고, 국민들도 다시 한번 놀랐다. 그녀는 인터뷰에서 다음과 같이 말했다.

"피겨는 기록경기가 아니다. 최선을 다해 할 수 있는 모든 것을 보여주면 된다."

이 말에 담겨 있는 의미는 무엇일까? 바로 결과를 위해 스케이팅을 하지 않고, 다른 사람과 비교하지 않는다는 것이다. 자신이 대회를 위해서 준비해왔던 것들을 최선을 다해 보여주기만 하면 된다는 것이다. 그녀의 비교 대상은 오로지 자신뿐이었다. 그동안 연습해왔었던 나를 넘는 것이 그녀에게 있어서는 단 하나의 목표였다. 그리고 그녀는 당당히 실력을 다시 한번 입증하였다.

자기계발 분야에서 세계적으로 유명한 브라이언 트레이시도 그녀의 생각에 동의하는 말을 이전에 남긴 적이 있다. 그는 비교에 관해 다음과 같은 말을 남겼다.

"탁월한 인물의 특성 중 하나는 결코 자신을 다른 사람과 비교하지 않는다는 것이다. 그들은 자신을 자기 자신, 즉 자신이 과거에 이룬 성취와 미래의 가능성하고만 비교한다."

그가 김연아 선수의 경기를 본 적이 있는지 알 수 없다. 하지만 한 가지 분명한 것은 뛰어나고, 자존감이 높으며, 탁월한 사람들은 비교하지 않는다. 비교하더라도 그 비교 대상은 오로지 자신뿐이라는 것이다.

자존감이 높은 사람들은 사실 비교하는 것을 잘 모를 수 있다. 다시 말해, 그들에게 있어서 비교는 생소한 것일지도 모른다는 것이다. 왜냐면 그들은 자기 자신을 있는 그대로 사랑하고, 존중하기 때문이다. 다른 사람이 이런 성격을 가졌든, 저런 성격을 가졌든 상관하지 않는다. 자신의 모습에 충분히 만족하기 때문에, 다른 사람을 통해서 자신이 부러워할 만한 점을 찾지 못하는 것이다. 사실, 비교는 자신에 대한 불만족에서 시작되는 것이다. 그래서 그들에겐 애초부터 결핍이 없기에 굳이 다른 사람들을 통해서 나의 부족한 점을 찾지 않는 것이다. 그러니 비교하는 것과는 오히려 거리가 멀 수밖에 없다.

지금 와서야 느끼는 것이지만, 이전에 언급했었던 그 동생이 고마운 존재였다는 것을 깨닫게 되었다. 당시에 매번 그 녀석을 볼 때마다 나의 열등감을 마주하게 해서 싫었다. 그러나 가만히 생각해보니 그 녀석은 나의 내면에 숨겨져 있는 열등감을 꺼내주었다. 오랫동안 어두운 곳에 놔두면 썩고, 퀴퀴한 냄새가 나게 되는데, 그렇게 되기 전에 햇빛을 비춰준 것이다. 그리고 그 열등감을 만나게 하면서 나를 더 사랑하고, 비교하지 말라는 신호를 주기 위해서 내 앞에 나타난 것이다. 늦었지만, 미안하고, 고맙다는 말을 전하고 싶다.

04 타인이 아닌 나 자신에게 시선을 돌려라

각 개인은 특별하고, 비교하는 것은 불가능하다. 나는 나이고, 당신은 당신일 뿐이다. 이 세상에 비교할 수 있는 사람은 아무도 없다

– 오쇼 라즈니쉬

내가 싫어하는 모든 사람들은 내가 싫어하는 내 모습일 수도 있다

심리상담을 하다 보면 다양한 문제로 찾아오게 된다. 그러나 하나의 카테고리로 묶어 본다면 그것은 바로 '인간관계'이다. 이 말은 많은 사람들이 인간관계에 고민이 많다는 것을 뜻한다. 인간관계 문제의 특징은 나이를 불문하고 경험한다는 것이다. 그래서 관계 문제는 인간에 있어서 평생의 숙제이기도 하고, 반면에 행복의 근원이라는 생각도 하게 된다.

인간관계의 문제도 매우 다양하다. 하지만 그 문제의 종착점은 바로 '자신에 대한 사랑'이다. 자신에 대한 사랑이 부족하기 때문에 인간관계에서 문제를 경험하는 것이다. 그렇다면, 다른 사람들이 나를 싫어하는

문제는 어떻게 해결을 해야 할까? 상담소에 찾아온 의뢰자 주위의 친구들을 만나며 왜 싫어하는지 조사한 뒤에 잘 지내보라고 호소하는 것이 답일까? 당연히 아니다. 물론 다른 사람들이 의뢰자를 의도적으로 싫어하는 인격적인 문제도 있다. 하지만 자신을 제대로 사랑하지 못하는 것이 시작점이라는 것을 인정해야 한다.

보통 이런 내용으로 상담소를 찾아오는 사람들이 많다. 의뢰자의 신분은 학생이다. 그가 상담소를 찾아온 이유는 학교생활을 하면서 적응하는 것이 가장 어렵기 때문이었다. 그래서 그 내용을 자세히 들어보았다. 최근 들어 학교생활을 하면서 성적이 크게 떨어졌다. 그래서 부모님에게 꾸지람을 듣고, 실망을 안겨드렸다. 그리고 갑자기 떨어진 성적으로 인해서 학원에 있는 선생님들도 자신을 못마땅하게 여기는 것 같아 속상하다는 것이었다. 또한, 자신의 주변에 있는 친구들에게는 신뢰가 생기지 않는다는 것이었다. 떨어진 성적을 알게 된 이후로 자신을 위로해주고 응원을 해주고 있지만, 그 말이 전혀 진심으로 들리지 않는다는 것이었다. 결국 친한 친구마저 자신에게 등을 돌렸다는 사실에 눈물을 보이고 말았다. 더는 주변에 기댈 사람이 없다는 것이었다.

사실, 이 문제의 원인과 해결은 학교 성적으로 인해서 생긴 것이라고 볼 수도 있을 것이다. 하지만 그가 보이는 근본적인 문제는 인간관계의 문제라고 볼 수 있다. 하락한 시험 성적을 알게 된 이후로 의뢰자 주변의 인간관계에서 문제들을 겪고 있기 때문이다. 무엇보다 주변 사람들이 자신으로부터 등을 돌리는 것 같다고 느끼고 있다. 그래서 현실을 버텨내기가 힘든 것이다.

심리상담을 진행하면서 그의 삶에 대해서 함께 더듬어갔다. 그리고 한 가지 사실을 알게 되었다. 주변의 친구들은 자신에게 등을 돌린 것이 아니라는 것이었다. 이는 상담에 있어서 중요한 부분이었다. 왜냐면 친구들이나 주변 사람들이 성적 때문에 자신으로부터 등을 돌렸다고 생각했기 때문이다. 그러니까 중요한 것은 친구들의 반응을 자신이 너무 민감하게 받아들였다는 것이었다. 그렇다면 그렇게 민감했던 이유는 무엇일까? 자신을 너무 못마땅하게 여긴 점이었다. 성적이 떨어진 이후로 자신의 성적을 부정하고, 꿈이라고 생각하고 싶었다. 그리고 그런 성적을 받은 자신이 너무나도 싫었다. 모든 분노의 화살은 다른 사람이 아닌 자신에게로 향했다. 그런데, 그 분노의 화살이 자신에게로 가는 것을 심리적으로 버텨낼 힘이 없었다. 그래서 무의식은 자신을 방어하기 위한 도구가 작동하도록 만들었고, 다른 사람이 나를 싫어하는 것이라고 착각하게 만든 것이었다.

시작점은 자신이었다. 내가 나를 싫어하고 만족하지 않으니 자신을 사랑하는 것은 어려울 수밖에 없다. 다만, 무의식은 다른 사람들이 나를 싫어한다고 생각하게 했고, 그것이 자기 사랑의 방해물이라고 여기도록 만들었다. 무의식이 그렇게 작동한 이유는 만족스럽지 않은 나 자신을 그대로 마주보기가 힘들었기 때문이다. 그럴 자신이 없었기 때문에 다른 사람 핑계를 대도록 만든 것이다.

답은 내 안에 이미 존재한다

이런 모습들이 나타나는 이유는 불안 속에서 살기 때문이다. 나 자신도 잘살고 있는지 모르기 때문에 불안하고, 사회도 내가 잘살고 있는지 생각하도록 만들다. 그래서 더욱더 불안하다. 그래서 나 자신에게 집중할 바에는 얼른 불안감을 숨기고 덮기 위해서 다른 사람들이 하는 무언가에 몰입하는 것이다. 그래야 빨리 내 마음이 편해지기 때문이다.

우리가 사는 삶의 현장은 이런 일들이 일어날 수밖에 없다. 왜냐면 사람들과 함께 사는 곳이기 때문이다. 그래서 다른 사람들의 삶을 보기 싫어도 보게 되는 환경이다. 더군다나 문화적으로도 우리나라는 다른 사람과 개인 간의 연결이 밀접하다. 옆집의 친구가 명문 대학교에 들어갔다면, 현수막이 걸리고, 잔치를 벌이며 소문이 나게 된다. 평화로운 내 마음도 그런 소식을 들으면 심하게 흔들리게 되고, 행복했던 내 삶이 잘못된 길로 가고 있는 것은 아닌지 괜한 의심을 하게 된다.

하지만 그게 그렇게 마음같이 잘 안된다. 그래서 어쩌면 이미 나는 다른 사람들의 삶에 관심이 없는 사람일 수도 있다. 그러나 끊임없이 들려오는 이야기와 소문들은 계속해서 나를 흔들어 놓는다. 그렇다면, 정말 내가 잘못된 것일까? 이에 대한 대답으로 '아니다.'라고 말하고 싶다. 다만, 문제는 내 안에 기준이 없다는 것이다. 삶에 대한 기준, 인생에 대한 기준 말이다. 만약에 이러한 기준이 있었음에도 불구하고 흔들린다면 그 기준은 아직 완전히 내 것이 아니라고 생각하면 좋을 것이다.

인생에 정답은 없다. 그러나 이 세상에 인생의 정답을 제시하려는 사람들이 너무도 많다. 우리는 그 흐름에 휩쓸리면 안 된다. 물론, 그런 흐름은 대중의 흐름이기 때문에 좋은 본보기가 될 것이며, 자신의 좋은 모델로 설정할 수도 있다. 하지만 모델로 설정한다고 해서 내가 그 사람이 될 수도 있는 것은 아니다. 그리고 똑같이 그런 삶을 살 수 있는 것도 아니다. 나는 나만의 삶을 살 수 있는 권리가 있고, 우리는 주어진 인생에서 그 과정을 충분히 누려야 한다.

경남 거창의 거창고에서는 직업을 선택할 때 기준이 될 수 있는 10계명을 만들었다. 이는 인터넷을 통해서 많은 사람에게 영감을 주었고, 화제가 되었다. 그중 몇 가지를 소개하자면, 다음과 같다.

'월급이 적은 쪽을 선택하라.'

'모든 것이 갖추어진 곳을 피하고, 처음부터 시작해야 하는 황무지를 택하라.'

'앞을 다투어 모여드는 곳은 절대 가지 마라. 아무도 가지 않는 곳으로 가라.'

총 10개 중의 3개를 소개했다. 나머지의 내용도 참 의미 있는 기준을 제시하고 있다. 소개된 3개 기준만 봐도 알 수 있는 것이 있다. 그것은 많은 사람이 하는 선택이 무조건 정답은 아니라는 것이다. 우리는 보통 대중의 흐름에 따라서 가기 마련이다. 대학을 선택할 때 인기를 따라가고, 옷은 물론이고, 모두의 명망을 받을 수 있는 직업을 희망하며, 미래의 부유함을 보장할 수 있는 곳을 선택한다. 그러나 거창고에서는 오히려 피하라고 강조하고 있다. 학생들이 잘못된 길로 가길 바라는 마음에서 선생님들이 작성하지는 않았을 것이다. 여기에는 삶의 역설이 들어 있다. 그리고 역설이 곧 진리가 될 수도 있음을 내포하고 있다.

현재 내가 남들과 조금 다른 길을 가고 있다고 불안해할 것도 없다. 그리고 남들과 비슷한 길을 가며 유망한 길을 가고 있다고 해서 좋아할 것도 없다. 왜냐면 우리의 인생은 한 치 앞을 모르기 때문이다. 중요한 것은 나 자신만의 기준을 세우고 그에 따라서 살아가는 것이다. 그 기준은 누구나 만들어내는 삶이 아니라 오직 나다운 삶을 빚어내도록 만들 것이다. 그러면 우리는 굳이 시간을 허비하고, 질투하며, 샘을 내지 않아도 행복할 수 있다. 다른 사람들을 통해서 행복을 찾지 않아도 된다.

행복도 다른 사람들의 행복과는 비교될 수 없는 행복을 누리게 될 것이다. 지금부터 필요한 것은 나만의 행복을 누리고 싶은 그 마음! 희망! 동기가 생겼는지 느껴보아야 한다. 나만의 삶을 살고 싶다는 그 열망이 느껴졌다면, 모든 준비는 완료되었다.

무엇보다 이 모든 과정이 있기 전에 나 자신에게 집중하는 일부터 해야 한다. 그렇지 않으면 그 어떤 일들도 일어나지 않는다.

내 인생을 위해 가지면 좋은 기준 :
"꿈을 정할 때는 가슴의 소리를 기준으로 삼아라."

"선생님 꿈이 뭐예요?"

내가 상담을 한 학생에게 받은 질문이었다. A학생은 자신의 꿈을 찾을 수 없다며 나에게 심리 컨설팅을 요청해왔던 학생이었다. 당시 그 학생의 질문은 꽤나 인상적이었다. 왜냐면 그는 질문에 대한 깊이가 있었기 때문이었다. 그래서 나 또한 일반적으로 대답해주기보다 좀 더 심혈을 기울여서 대답을 해주었던 것 같다.

사실 나도 이 같은 질문을 스스로 품어보았고, 그 질문에 대한 답을 찾기 위해서 꾸준히 성찰 중이다. 그리고 그에 대한 대답을 적어도 지금은 좀 더 확실하게 해줄 수 있을 것 같다.

꿈이라고 말할 수 있는 기준은 바로 가슴이다. 즉, 꿈은 가슴이 알고 있다는 것이다. 가슴이 알고 있다는 것은 내가 그 꿈을 생각했을 때, 가슴이 뛰고, 생각만으로도 행복하고, 힘이 저절로 나는 것이다. 물론, 꿈을 이루는 과정이 매번 신나지는 않는다. 당연히 고난이 찾아오기도 한다. 하지만 그 고난을 좀 더 힘 있게 버텨나가고, 상황을 극복해낼 수 있다. 이런 현상이 나타나는 것을 나는 꿈이라고 말하고 싶다.

나는 여행을 매우 좋아한다. 해외로 여행을 갈 때는 그 어떤 때보다 가슴이 설레고, 힘이 난다. 그래서 해마다 여행을 위해서 월급의 소액을 모으고 있다. 계좌를 따로 만들어서 그곳에 돈이 차곡차곡 쌓이는 것을 보면 얼마나 든든하고, 가슴이 설레는지 모른다. 하지만 빠듯한 월급을 모으는 것이 쉽지 않다. 삶이라는 것이 일정치 않기에 예상치 못한 지출이 있을 때 참 속상하다. 하지만 나는 또다시 꿈을 꾸며 다음 달을 기다리며 열심히 하루하루 일해 나간다. 그렇다. 나는 꿈을 꾸고 있기에 좀 더 힘을 갖고 살아나갈 수 있었다. 꿈은 생각만으로도 내게 힘을 준다.

그런데, 그 꿈을 어떤 필요에 의해서 정하는 목표와 혼동할 때가 많다. 취업을 위한 자격증 취득, 토익 고득점 달성, 혹은 외국어 습득 등. 목표를 달성하는 과정은 꿈과 확연한 차이가 난다. 일단 그 과정을 흥미롭고, 재미있게 여기기보다 노력과 끈기로 가득 채워진다. 그래서 하루하루를 버티기 바쁘다. 또한 이후에 목표를 달성했을 때는 그 기쁨이 오래가지 않는다. 또 다른 목표를 위해서 달려가게 된다. 이런 모습은 내가 좀 더 행복하게 살아갈 수 있는 기회를 놓치는 것이다.

내 꿈이 무엇인지 모르겠다면, 가슴에게 물어보라. 내 꿈의 기준은 머리가 아니라 가슴이어야 한다.

05 나의 단점이 아닌 장점에 눈을 돌려라

다른 사람과 너를 비교하지 마라. 만약에 그렇게 한다면 너 자신을 모욕하는 것이다.
- 알렌 스트라이크

나 자신을 좋게 봐서 손해 볼 것이 하나도 없다

학교 집단상담 프로그램을 진행하는 중이었다. 학생들은 자신의 장점과 단점을 써보는 시간을 가졌다.

'슥슥'

학생들의 연필이 열일하고 있는 소리이다. 이내 이 소리는 교실을 가득 메운다. 학생들에게 주어진 종이의 빈칸은 금방 채워진다. 장점과 단점 중에 어떤 것을 먼저 쓰는 시간이었을까? 바로 단점이었다.

단점 쓰기가 생각보다 빠르게 마무리되었다. 학생 전원이 단점 쓰기를 마무리하자마자 장점 쓰기를 시작했다. 그런데 갑자기 정적이 흐른다. 학생들은 깊은 고민에 빠진 모습이다. 이전에 단점을 쓸 때와 다르게 연필이 지금은 제 역할을 다하지 못하고 있다. 심지어 어떤 학생은 어려운 수학 문제를 만난 것처럼 곤란해하는 표정이 역력하다. 학생들을 가르치는 직업군에서는 누구나 한 번쯤은 경험했을 만한 얘기이다.

혹시 학생들을 가르치지 않는 사람들은 공감하기 어려운 얘기인가? 사실, 이 모습은 단지 우리 학생들만의 얘기가 아니다. 이 글을 읽는 우리들도 누구나 한 번쯤은 경험해봤을 일이다. 이력서를 쓸 때, 대학교 교양과목의 과제를 했을 때, 아니면 누군가에게 나를 어필할 때 등등. 자신의 장점을 얘기하는 것이 어려웠다는 것을 겪어봤을 것이다. 처음 몇 개는 쉽게 나온다. 늘 익숙하게 쓰는 단어이기 때문이다. 하지만 평소 자신이 주로 어필했던 장점의 개수 이상을 요구하게 되면, 곤란해지기 시작한다. 그때부터 빨래 쥐어짜듯이 말하게 된다.

왜 우리들은 이렇게 나의 장점보다는 단점을 잘 기억하고, 익숙한 것일까? 이는 우리의 뇌에서 이유를 찾을 수 있다. 뇌에는 편도체가 있는데, 이 부분은 우리가 생존에 좀 더 적응할 수 있도록 발달해왔다. 고대 시대에는 지금처럼 문명이 발달해 있지 않았다. 수렵 생활을 하면서 자신의 삶을 살아왔을 것이다. 그 과정에서 자신이 수렵 생활을 하기도 하지만 반대로 수렵을 당하는(?) 경우도 있었을 것이다. 즉, 맹수들의 위협으로부터 자신을 온전히 보호하지 못했을 것이다. 그래서 그 시대에 살던 인류는 긍정적인 것보다는 부정적인 것에 더욱 민감했을 수밖에 없다. 자신의 생존을 위협하는 상황이 되면 재빨리 부정적인 신호라고 감지를 해야 다음 행동으로 옮길 수 있기 때문이다. 부정적 상황에 대한 감지를 빨리할수록 자신의 생존도 지켜질 수 있는 확률이 높아지기 때문이다.

이러한 시대에서 적응해온 인류는 우리와 전혀 다른 인류인가? 아니다. 적응하고 있는 환경만 다를 뿐 그들과 우리는 크게 다르지 않다. 그래서 우리도 그들의 피를 이어받았기 때문에 당연히 부정적인 것에 민감할 수밖에 없다.

하지만 우리는 DNA 구조가 그렇게 구성되어 있다고 해서 계속해서 부정적인 것만 생각하면서 살아야 하는가? 이 질문에 대해서 "Yes!"라고 자신 있게 말할 사람은 없을 것이다. 왜냐면 사람은 자신의 삶을 만들어갈 수 있고, 충분히 긍정적인 기능을 하며 살아갈 수 있기 때문이다. 그러니 과도하게 일반화를 하지 말자. 단지 인간에게 좀 더 부정적인 것에 민감하고, 예민하게 받아들이는 기능이 있다는 것이다. 그 기능이 있다는 것이 인간의 존재 자체가 '부정적인 사람'이라는 뜻은 아니라는 것이다.

심리학에서 중요한 이론 중의 하나인 해결중심접근이 있다. 이 이론에서는 인간은 스스로 자신의 장점을 찾아내고, 또 더 많이 개발해낼 수 있는 존재로 보았다. 다만, 우리의 눈이 단점에 너무 많이 초점화되어 있기 때문에 장점 찾기가 어려운 것이다. 대중에게 익숙한 긍정심리학도 마찬가지이다. 긍정심리학에서는 인간의 부정적인 측면이 아니라 긍정적인 측면에 더욱더 초점을 맞춰야 한다는 주장을 하고 있다. 이전에 심리학의 주요한 이론들은 인간의 부정적인 측면만을 다뤄왔다. 그래서 상담심리학이라고 하면 뭔가 문제가 있는 사람들에게만 적용되는 것으로 생각할 때가 많았다. 긍정심리는 이런 심리학의 흐름에 반대한 것이다. 인간이 문제행동을 보이는 것은 다 이유가 있다고 보았다. 그리고 그 문제의 행동을 치료할 때 문제에 접근하는 것이 아니라 긍정적인 부분에 집중해야 한다고 주장한다. 그러면 부정적으로 보였던 문제 행동은 자연스레 치료될 것이라는 입장인 것이다.

긍정심리학의 접근은 다른 학문보다 매우 획기적인 방법이었기 때문에 큰 사랑을 받았다. 그리고 '긍정'이라는 단어가 주는 부드러움이 있기 때문에 대중에게 접근하기도 더 쉬웠다. 그래서 긍정심리학은 지금까지도 많은 사람에게 사랑을 받아오고 있다. 그리고 앞으로도 계속해서 사랑을 받을 것이 분명하다.

나 자신의 장점에 집중하라

상담을 하다 보면 자신의 장점을 잘 모르는 사람들이 너무 많다. 내가 만나온 사람들은 거의 다 자신의 장점에 대해 얘기를 하게 되면 머뭇거리는 경우가 많았다. 심지어 잘 모르겠다고 생각하길 포기하거나, 나에게는 그런 것이 없다며 오히려 자책하는 경우도 있었다. 안타까운 마음이다. 그러나 사실 내가 더 안타까운 마음을 더 느끼게 되는 이유가 있다. 그 이유는 다른 사람들은 몰라도 적어도 나는 그들의 장점을 보고 있기 때문이다. 그래서 상담을 처음 배우게 될 때는 장점을 말해줬지만, 듣는 사람은 그 말을 이해하지 못할 때가 많았다.

시간이 흐름에 따라서 이런 일이 자주 반복이 되었다. 그래서 교수님, 선배들의 조언을 구했고, 깨닫게 되었다. 칭찬과 나의 피드백을 이해하지 못하는 것은 듣는 사람이 마음의 준비가 되어 있지 않다는 것이다. 아직은 그 얘기가 자신에게 와닿지 않는 것이다. 이런 과정을 피부로 깨닫게 된 이후로 때가 될 때까지 말을 아낀다. 괜한 피드백으로 오히려 혼란만을 더 초래할 수 있기 때문이다. 또 하나 깨달은 것은 아무리 힘들고, 고통스러운 과정을 겪고 있는 사람이라도 장점이 없는 사람은 없다는 것이다. 누구에게나 보석과 같은 찬란한 장점이 있다는 것이다. 다만, 그 보석이 빛을 발하지 못하는 이유는 자신이 가진 것이 보석인 줄 모르기 때문이다. 무엇보다 그 보석을 돌아볼 겨를이 없다는 것이 가장 큰 이유이다. 조금만 고개를 돌려서 옆을 보면 되는데, 그것이 어려운 것이다.

현재 겪고 있는 고통이 너무 힘들다는 방증이기도 하다. 그래서 더 안타깝다.

나의 경우도 마찬가지였다. 나는 줄곧 지인들로부터 '편안하다.', '친근하다.'라는 말을 들어왔다. 그런데 나는 그 피드백이 내 귀에는 들려오지 않았다. 왜냐면 누구나 가진 모습이라고 생각했기 때문이다. 그리고 당시 나 혼자만 행복하지 않다는 우울감에 빠져 있을 때였다. 그래서 그 말이 들리지 않았다. 그러나 상담을 통해서 조금씩 마음의 여유를 찾게 되었다. 늘 고개를 숙이고 있다가 조금씩 고개를 들고 세상을 바라볼 힘을 갖게 된 것이다. 그 후부터는 사람들의 피드백이 다르게 들렸다. '편안하다.'라는 것이 나의 장점이 될 수도 있겠다는 생각이 들게 된 것이다. 그 생각의 전환이 일어나면서부터 다른 사람들의 말을 믿게 되었다. 결국 나 자신도 '편안하다.'라는 장점을 인정하게 되었다.

인정하게 되니 정말 좋았다. 현재 내가 하는 상담 장면에서 큰 역할을 하게 되었다. 내가 진행하는 치료의 차별화를 가져온 것이다. 상담은 계약하고, 만나면서부터 이뤄진다고 생각한다. 하지만 나의 경우는 아니다. 나와 전화를 하면서부터 이미 치료가 시작되는 것이다. 왜냐면 목소리든, 분위기로든 편안함이 전달되기 때문이다. 실제로 전화를 하는 것만으로도 마음이 편해졌다고 고마워하는 사람들이 더러 있다. 비록 눈에 보이지 않을 뿐이지만, 치료가 진행되고 있다고 볼 수 있는 것이다. 이 장점을 알게 되고 특히, 내 직업 장면에서 쓰이게 되리라고 상상도 못 했다. 그러나 이제는 당당하게 내 장점을 인정하고, 적극적으로 활용하고 있다. 요즘 나의 뿌듯함과 즐거움이 하나 있다. 그것은 나의 편안함이 얼마나 큰 효과를 주는지를 보는 것이다. 객관적으로 측정할 수 없지만, 분명 나와 만나는 사람들은 미세하지만 행복의 기운을 받아가는 것이 느껴진다.

장점은 절대로 멀리 있지 않다. 어디에 가서 새롭게 찾아야 하는 것도 아니다. 새롭게 발견하고, 찾아야 하는 것은 고고학자에게 맡기도록 하자. 우리가 할 일은 찾는 것이 아니라 고개를 돌리는 것이다. 가려져 있던 나의 장점에 고개를 돌려보자. 우리가 보지 못했을 뿐이고, 지금까지 부정적인 것들을 보는 것에 익숙했기 때문이다.

장점은 이미 내가 갖고 있다. 아마 장점은 기다리고 있었을 것이다. 당신이 살아왔던 날만큼 말이다.

06 행복의 기준이 외부에 있을 때 불행해진다

가장 용감한 행동은 자신을 위해 생각하고 그것을 외치는 것이다. 큰소리로.
– 가브리엘 샤넬

당신의 행복의 기준은 어디에 있는가?

우리는 언제 가장 행복할까? 수능시험에 합격했을 때? 복권에 당첨되었을 때? 다른 사람에게 칭찬을 받았을 때? 누군가와의 경쟁에서 이겼을 때? 이외에도 수많은 행복의 기준이 존재할 것이다. 그리고 그 기준은 미세하게 다를 것이다.

당신은 언제 행복한가? 어떤 종이 하나를 골라서 그 위에 생각나는 대로 적어보라. 50가지 정도 적어보라. 행복의 정도는 중요하지 않다. 지금은 단지 내가 언제 행복함을 느끼는지 찾아보는 과정이다. 아마 처음에는 생각나지 않을 수도 있다. 그때는 보통 거창한 행복을 생각했을 때 적기가 어려울 수 있다. 그래서 우선 사소한 행복부터 적어보는 것이다. '밥 먹을 때', '친구를 만날 때' 등등.

모두 적었다면 확인해보라. 50가지를 혹시 채우지 못했더라도 상관없다. 최소 10가지 이상 적어서 확인해보라. 그리고 그 내용의 공통점을 한 번 확인해보라. 혹시 행복의 기준이 내부에 있는가? 아니면 외부에 있는가? 행복의 기준이 내부에 있다는 것은 말 그대로 행복의 기준을 자신이 정하는 것이다. 예를 들어, A라는 취준생이 있다. 이 학생은 예전부터 자신이 중소기업에 취직하여 다양한 직무를 충분하게 경험하는 것이 목표였다. 그래서 그는 자신이 정한 기준에 따라서 취업 준비를 하는 중이다. 이렇게 A 취준생처럼 행복의 기준을 자신이 판단한다.

반면에 행복의 기준이 외부에 있다는 것은 자신 이외의 것들이 나의 행복을 결정짓는다는 것이다. 예를 들어, 마찬가지로 A라는 취준생이 있다. 그는 중소기업에 들어가 다양한 경험을 하는 것이 자신의 목표였다. 하지만 부모님과 친구들은 생각이 달랐다. 대기업에 들어가서 전문적인 경험을 해야 한다는 것이었다. 그리고 월급도 확실히 더 많을 것이라는 이유였다. 이렇게 자신 이외의 환경에서 정해주는 것이 외부의 기준이다. 예시에서도 볼 수 있듯이 외부의 기준은 가깝게는 친구, 부모님이 정해줄 수도 있고, 심지어 사회로부터 알게 모르게 압박받을 수도 있는 것이다.

진정으로 삶을 행복하게 해주는 조건은 오래전에 증명되었다

지금 우리나라의 사회를 보라. 무엇이든 더 많이 가지고, 더 많이 충족되어야 행복하다고 말하고 있다. 최근에 TV 예능 프로그램을 보았다. 혼자서 사는 연예인들의 일상을 공유하며 재미를 주는 예능 프로그램이다. 그곳에서는 소수 연예인의 화려한 삶이 집중 조명되었다. 100평 이상의 펜트하우스, 대리석으로 만들어진 바닥, 한강이 내려다보이는 탁 트인 조망, 우아한 조경수가 있는 테라스, 루왁 커피로 시작하는 아침 등. 생각만 해도 화려한 모습이다.

그들의 모습을 보고 현재 나의 모습을 보았다. 지금의 내 모습을 보면 참으로 초라하기 그지없었다. 분명 TV를 보기 전에 점심 식사를 정말 맛있게 먹었다. 김치와 라면의 조합에 연신 감탄하며 식사를 했었다. 라면과 김치로는 아쉬우니 마무리로 밥 한 그릇 뚝딱 했다. 그보다 행복한 식사는 없었다. 하지만 TV를 본 후 그 행복했던 식사가 단 한순간에 초라한 식사가 되어버렸다. 내 머릿속에는 '나도 저렇게 살고 싶은데….'라는 생각을 하며, 기분이 살짝 우울해지는 것을 느꼈다.

사회는 말하고 있는 것 같았다. '좁은 원룸에서 월세에 전전긍긍하며 사는 것은 잘못된 거야.'라고 말이다. 갑자기 행복했던 내 삶이 흔들리기 시작한다. 처음에 나는 원룸에 들어올 때 매우 행복했다. 월세가 주변보다 저렴했고, 거기에다 창문이 있었다. 그 창문을 열면 손 닿을 곳에 옆집의 벽이 있지만, 날씨 좋은 날 오후 2시가 되면 짱짱하게 햇빛이 비치는 구조였다. 그런 원룸에 나는 매우 행복감을 느끼며 입주했던 기억이 생생하다. 그러나 이제는 더 이상 이 집이 내 마음에 들지 않을 수도 있겠다는 생각을 했다. 내가 사는 곳이 초라하게 느껴졌기 때문이다. 그때 이후로 한 가지 습관이 생겼다. 그저 대중에게 재미를 주고자 했던 애꿎은 예능 프로그램 PD를 탓하기 시작했다.

아마 이런 혼란을 겪은 사람은 나뿐만이 아닐 것이다. 이 문제는 지금 우리가 살고 있는 현대 시회에서만 나타나는 것일까? 유명한 서양 철학자 플라톤은 행복의 조건으로 5가지를 제시했다.

첫째, 먹고, 입고, 살고 싶은 수준에서 조금 부족한 듯한 재산

둘째, 모든 사람이 칭찬하기에 약간 부족한 외모

셋째, 내가 자만하는 수준에서 사람들이 절반만 알아주는 명예

넷째, 겨뤄서 한 사람에겐 이기고, 두 사람에겐 질 정도의 체력

다섯째, 연설을 듣고, 청중의 절반은 손뼉을 치지 않는 말솜씨

핵심은 넘치는 것보다는 조금 부족한 것이 행복이라는 것이다. 플라톤이 이러한 말을 남긴 배경은 무엇일까? 아마도 그 시대에도 외부의 행복의 기준에 도달하지 못해 고통을 겪은 사람들이 많았을 것이라 추측해본

다. 슬프게도 그 삶의 모습은 현대시대에도 반복되고 있었던 것이다.

요즘 소확행이라는 단어가 유행하고 있다. 소확행의 뜻은 작지만 확실한 행복을 말한다. 이 단어는 일본의 유명한 소설가 무라카미 하루키가 자신의 소설에서 처음 사용한 것이다. 예를 들어, 그는 갓 구운 빵을 찢어 먹을 때와 같은 작은 행복감을 말한다.

이 행복감은 현대 사회에서 대다수의 사람이 자신의 일상을 챙기지 못하는 바쁜 삶을 경험하고 있기 때문에 나온 것이다. 보통 자신이 생각하는 행복을 느끼기 위해서는 감수할 것도 많고, 오랫동안 기다려야 한다. 직장인들의 로망인 배낭여행은 회사의 분위기, 상사의 눈치, 경제적 여건 등 따질 것이 너무도 많다. 그래서 그렇게 오랫동안 기다리느니 작은 행복이라도 확실하게 경험하자는 것이다. 그래야 우리가 조금이라도 더 행복하게 살 수 있기 때문이다.

『만두와 사우나만 있으면 살 만합니다』의 저자 사이토 다카시는 소확행을 제대로 실천하고 있는 저자이다. 이미 제목에서 드러나듯 자신이 행복하기 위해서 사소하지만 절대적인 두 가지 기준을 제시한다. 그것은 만두와 사우나이다. 이 두 가지는 우리가 살아가며 아주 쉽게 경험할 수 있는 것들이다. 그래서 보통 "행복을 어떻게 얻을 수 있을까?"라는 질문은 그에게는 매우 쉬운 질문이다. 왜냐면 행복은 자신 바로 앞에 있고,

그 행복은 자신이 어떤 결정을 하느냐에 따라서 달라지기 때문이다. 또한, 사소하지만 절대적인 행복의 기준은 내가 굳게 믿으면 믿을수록 더욱더 자신의 삶이 안정감 있다고 말한다. 즉, 하나의 안전망을 구축하게 되는 셈이다.

그렇다. 나는 내 안에 존재하는 행복의 기준이 견고하지 못했다. 그래서 사회에서 제시하는 행복의 기준에 흔들릴 수밖에 없었던 것이다. 문제는 사회가 아니라, 친구가 아니라, 부모님이 아니라, 바로 나 자신에게 있었다. 나만의 견고한 행복의 기준이 없었기 때문에 흔들렸던 것뿐이다.

행복의 기준을 외부에 두는 것이 나쁘다는 것이 아니다. 외부에 기준을 두는 것은 때때로 우리를 더욱더 성장하도록 만든다. 그 기준에 도달하기 위해서 내가 생각하지 못했던 능력을 발휘하게 되기도 하고, 그 과정에서 뜻밖의 긍정적 경험을 선물로 받기도 한다.

다만, 행복의 기준을 외부에 너무 많이 두고 있다는 것이다. 획일화된 기준만을 따르기에 획일화된 삶을 살 수밖에 없고, 획일화된 고통을 겪을 수밖에 없다는 것이다. 혹시 내가 행복하지 않았다면 어떤 기준을 따랐는지 생각해보길 바란다. 그 기준이 외부에 있는 것이라면 내부로 돌려보길 바란다. 어쩌면 나는 이미 행복했을 수도 있다. 외부의 기준을 따르는 습관이 너무도 호흡처럼 쉬워져서 그 행복을 느끼지 못했을 수도 있다. 차분히 우리의 내면을 돌아보자. 행복의 기준이 나에게 있을 때 우리는 더 많이 행복할 수 있다.

내 인생을 위해 가지면 좋은 기준 : "건강이 제일 우선되어야 한다."

많은 사람들이 건강이 중요하다고 얘기한다. 당신도 그러한가? 만약 그렇다면, 그 건강을 어느 정도로 중요하게 생각하고 있는가? 내가 말하고 싶은 건강은 그 어떤 것보다 우선해야 한다고 생각한다. 나의 이유는 무식할 정도로 단순하다. 하지만 단순함 속에 세상의 이치가 담겨 있다. 왜냐면 건강해야 내가 존재할 수 있기 때문이다. 또한, 내가 하고 싶은 것이 있다면, 건강해야 가능하기 때문이다.

자신이 슬퍼하든, 기뻐하든 우선 내가 존재해야 그 어떤 일에도 의미가 부여될 수 있다. 즉, 그것에 의미가 생기는 것이다. 반대로 내가 존재하지 않는다면, 내 친구이든 혹은 어떤 사물이든 그 어떤 의미를 가질 수도 없다.

또한 우리가 건강을 관리해야 하는 이유는 아플 때 손해 보는 것이 훨씬 많기 때문이다. 단순히 나만 힘든 것이 아니라 내 가족도 함께 힘들어진다. 그리고 거기에 들어가는 심리적 · 경제적 손해도 만만치 않다. 특히, 가족과 떨어져서 아픔을 겪어본 사람은 굳이 말하지 않아도 건강의 중요성을 누구보다 잘 알 것이다.

그런데, 문제는 항상 아프고 나서 건강의 중요성을 깨닫는다. 그 전까지는 나의 건강이 늘 한결같을 것이라 생각하는 것이다. 우리가 죽음에 대해서 암묵적으로 부인하는 것과 비슷한 모습이다. 그래서 막상 자신의 건강이 나빠졌을 때 비로소 그 어떤 것보다 건강이 중요하단 생각을 하게 된다.

지금이라도 늦지 않았다. 건강은 우리에게 중요하다는 것을 잊지 말자.

4장

남에게 휘둘리지 않고 나답게 사는 법

01 조금 이기적이어도 괜찮다

주어진 것을 수동적으로 받아들이기보다
능동적으로 선택하는 '밉지 않은 이기주의자'가 될 것을 권한다.
– 남인숙

진정한 내 삶을 찾기 위한 이기적인 태도를 허용하라

경상남도 창녕군의 한 집안에서 있었던 일화다. 이 집안의 부모들은 농사로 가정의 생계를 이어갔다. 슬하의 자녀들은 모두 2남 5녀였다. 7남매 중에 여섯째는 둘째 아들이었다. 그는 유별난 개구쟁이였다. 부모님도 여섯째의 유별한 행동을 감당해내기 어려워하였다. 그래서 가업인 농사에 참여시키기보다 오히려 일찍 학교에 보내는 선택을 하게 된다.

그는 학교에 들어간 이후로 부모님에게 내심 미안함을 느끼며 학교에 다녔다. 시골에서 농부의 아들로 산다는 것은 부모님의 가업인 농사를 이어간다는 전제가 어느 정도 깔려 있다는 것이다. 그런데, 그는 일찍 학교라는 곳에 들어왔다. 그래서 부모의 밤낮 없는 고생을 지켜보며 학교에 다닌 것이다. 그러니 늘 비교적 몸 고생을 덜 하는 것이 미안했다.

이후에 그는 태도를 고쳐 잡게 된다. 몸 고생을 덜 하는 자신이 부모님에게 미안함을 느낀다고 하여서 퇴학할 수도 없는 현실이었다. 그러나 학교에 다니더라도 마음이 불편했던 것은 여전했다. 이도저도 안 될 것 같은 상황이 되어버린 것이다. 그래서 그는 모호한 태도를 바로잡고자 마음먹었다. 부모님에 대한 미안한 마음을 공부에 대한 열정으로 바꾼 것이다. 그는 하루에 단팥빵 하나로 버티며 공부하는 열정을 보여주게 된다. 그래서 유명한 K고등학교에 입학하게 되고, 이후에 사법고시도 젊은 나이에 일찍이 합격하게 된다. 결국 수많은 사람을 대변하는 인권변호도 하게 되었다. 그는 바로 현재 서울시정을 맡은 박원순 시장이다.

그의 어릴 적 삶을 누군가는 이기적으로 볼 수도 있다. 이렇게 이기적인 모습이라고 보는 사람들은 가난한 집안의 생계를 위해서 가업을 이어받고, 얼른 사회생활을 해야 한다는 입장일 것이다. 하지만 그는 조금이라도 더 학교생활에 집중했고, 그로 인해 국가를 위해 더 많은 사람을 위해 일을 하게 되었다. 마치 어렸을 적 선택에 대한 미안함을 보상하는 것처럼 보란 듯이 공익을 위해 일하고 있다. 만약 가업을 이어받았다면, 지금의 그는 없었을 수도 있다.

어떤 태도가 정답일까? 사실, 정답은 없다. 중요한 것은 자신이 어떤 기준과 태도로 각자의 현실을 대하는지가 중요하다. 어릴 적 박원순 시장은 자신의 공부를 해야 하는 자신의 현실을 인정하고, 미안함을 느끼는 대신에 공부에 몰입하여 더 많은 사람을 위해서 일을 하게 되었다. 어릴 적 모습은 이기적으로 보인다고 할지라도 그가 변호사로 활동하며 보여준 다양한 활동들은 절대 이기적이라 할 수 없을 것이다.

그에게 배울 점은 자신의 행복을 위해 선택할 힘이 있었다는 것이다. 자신 이외의 이익을 위해서 사는 것이 더 높은 가치로 여겨지는 문화에서는 자신의 이익이 소외될 수밖에 없다. 그래서 그의 선택은 많은 사람에게 꿈이며, 귀감이 되기도 한다.

사실, 어느 것 하나가 정답은 아니다. 다만, 자신의 이익과 타인의 이익 사이에서 자신이 균형을 유지해야 하는데, 계속해서 사회 문화의 기준만 따라가면 자신의 기준을 잃는 문제가 생기기 때문에 우리는 어릴 적 박원순의 모습에서 배워야 할 필요가 있는 것이다.

내면의 이기심을 인정하는 것과 이기적인 태도로 사는 것은 다르다

여기에서 말하고자 하는 이기적인 모습은 자신의 이익만을 좇는 것이 아니다. 여기에는 자신 내면에 존재하는 이기적인 본성을 인정하는 것부터 시작한다. 이는 이기적인 모습으로 살아가라는 것과는 엄연히 다른 얘기이다.

네이버 국어사전에 따르면 '이기적'이라 함은 자신의 이익만을 꾀하는 것을 뜻한다. 그래서 이기적이라고 말을 할 때는 부정적인 의미로 사용하게 된다. 문화적으로도 이기적인 모습은 나쁜 것으로 여겨지고 있다. 그래서 사회의 어른들, 환경, 문화는 내면에 존재하는 이기적인 모습을 억압하며 살아가도록 만든다. 하지만 사람은 누구나 이기적인 면이 있고, 자신의 생존을 위해서 자신의 이익과 연관된 선택을 할 수 있는 권리를 갖고 있다.

그렇다고 내면의 이기적인 마음이 사라지는 것이 아니다. 겉으로 확실하게 드러나지 않을 뿐 내면에서 늘 밖으로 나올 기회를 엿보고 있다. 겉으로는 고상한 척 이타주의적인 모습을 주장하지만 속은 이기적인 마음이 늘 도사리고 있다. 이렇게 겉과 속이 일치하지 않으면 자신에 대한 혼란이 올 뿐만 아니라 정체성 혼란에도 문제가 생긴다. 또한, 그러한 모습으로 만나는 상대도 혼란을 겪을 수 있다. 자신이 만나고 있는 사람이 어떤 사람인지 헷갈리는 것이다. 결국 나를 포함하여 그 주변의 관계에서 도움이 되지 않는다. 그래서 아예 내면에 있는 이기적인 모습을 인정하고, 당당하게 살아가는 것이 훨씬 좋을 수 있다는 것이다. 이렇게 자신의 이기적인 모습을 인정하면, 적어도 자기 자신을 속이며 혼란스러운 삶을 살지는 않을 것이다.

나는 2년제 전문대학교에서 자동차기계공학을 전공한 후 졸업하였다. 2년 동안 소득이 있다면, 자동차기계공학은 나와 맞지 않는다는 사실을 깨달은 것이다. 이런 불만은 위기감을 느끼게 했다. 이 영역에서 직업을 내가 갖는다면 바로 취직할 수 있었기에 안정적인 삶은 보장이 될 수 있었지만, 남은 일생을 재미없는 삶으로 채워야 할 것 같았기 때문이다. 그래서 나는 결단을 해야 했다. 2년제 졸업 이후에 안정적인 삶을 택할 것인지, 아니면 새로운 도전을 통해서 내 삶을 찾아갈 것인지 말이다. 사실, 고민을 많이 했다. 왜냐면 나는 부모님의 경제적 지원을 또 받아내는 이기적인 사람이 되고 싶지 않았다. 하지만 내면에서는 끊임없이 진정 내가 원하는 삶을 위한 길을 가라고 응원하고 있었다.

고민 끝에 나는 결국 내 꿈을 선택했다. 내 가슴을 뛰게 하는 상담을 배우기로 마음먹은 것이다. 그래서 나는 내 선택에 최선을 다했고, 그 결과로 지금의 내가 있게 되었다. 나는 현재 상담을 하면서 엄청난 수입을 올리고 있다. 돈도 벌고 있지만, 무엇보다 돈으로 환산할 수 없는 보람을 벌고 있다. 이 수입은 아마도 그 어떤 백만장자가 와도 부럽지 않다. 그 정도로 보람된 삶을 살고 있다. 지금의 보람과 행복이 있기 위해서 어떤 요인이 가장 컸냐고 물어본다면, 나는 그 당시의 이기적인 선택이라고 답할 것이다.

만약에 그때 직업을 선택해야 하는 상황에서 그저 부모님의 말씀을 듣고 내가 원치 않는 직업을 평생 직업으로 선택했다면, 지금의 수입을 창출할 수 없었을 것이다. 아마도 그저 돈만 버는 기계로 살았을지도 모르겠다. 더 무서운 것은 후회할 가능성이 높다. 이 후회에는 내 삶이 재미없는 것에 대한 우울함과 안정적인 삶을 권유하셨던 부모님에 대한 원망이 포함될 것이다. 즉, 나와 나 이외의 모든 사람에게 부정적인 영향을 주게 되는 것이다.

하지만 나는 이기적인 선택으로 지금은 부모님에게 나름대로 효를 실천하며 만족하며 살고 있다. 명절마다 드릴 수 있는 만큼의 현금을 챙겨드리고, 무엇보다 거기에는 풍성한 내 마음이 담겨 있어서 뿌듯하다. 내가 어느 정도 안정될 때까지 기다려 주신 부모님의 마음고생에 대한 보답인 것이다.

우리는 보통 다음과 같은 부분에서 무엇이 정답인지, 혹은 최선인지 혼란을 겪으며 자신의 답을 찾아간다. '내가 행복해야 다른 사람이 행복하다.' 아니면 '다른 사람이 행복해야 내가 행복하다.'라는 생각들이 있다. 이 두 가지 중에 무엇이 더 좋을까? 정답은 전자가 될 수도 있고, 후자가 될 수도 있다. 다만, 우리는 지금까지 후자가 정답이라는 문화에서 살아왔기에 오랜 시간 나 자신을 잃어버리며 사는 것에 익숙하다. 그리고 그것이 문화적 유산처럼 사람들의 습관으로 남아 있다.

여기에서는 이 두 가지의 생각들이 균형을 이루는 것이 핵심이다. 이 두 가지 생각의 균형을 위해서는 우리는 당분간 이기적인 삶을 살 필요가 있다. 다른 사람보다는 나를 먼저 생각해보고, 내 생각을 나부터 존중해보는 경험을 해보자는 것이다.

이러한 경험들이 쌓이면 이기적인 사람이 될까? 아니다. 이기적인 태도를 당분간 고수하면서 기대하는 것은 자기사랑에 대한 경험이다. 그동안 나 자신보다는 다른 사람의 의견을 우선시하고, 그러면서 나의 욕구를 외면해왔다. 그 과정에서 늘 나 자신으로부터 외면받아왔기에 자신을 사랑하기는 어려웠다. 이 과정을 통해서 자기 사랑을 충분하게 느끼는 경험이 필요하다. 그러면 우리는 이기적인 사람이 되는 것이 아니라, 오히려 더 이타적인 사람이 될 수 있다.

'사랑도 받아본 사람이 줄 수 있다.'라는 말이 있다. 그렇다. 자신에 대한 사랑이 없는 사람이 어떻게 다른 사람을 사랑할 수 있겠는가? 자신을 사랑하지 못하는 사람이 주는 사랑은 자신도 사랑해달라는 또 다른 표현일 것이다. 순수하게 사랑을 주기보다 조건부 사랑일 가능성이 높다. 그러나 자신을 사랑할 줄 아는 사람이 하는 사랑은 조건 없이 주는 사랑일 것이다. 그저 사랑을 주는 것에 만족감을 느끼는 것이다. 이 두 가지 중 어떤 것이 사랑이라고 정의하려는 것이 아니다. 이 모든 과정을 통해서 균형을 이뤄가는 것이다. 그러니, 자신에 대한 사랑이 어려운 사람들에게 말하고 싶다.

"좀 더 이기적으로 살아도 괜찮아요."

02 나는 틀리지 않았다, 다만 다를 뿐!

당신은 다만 당신이란 이유만으로도 사랑과 존중을 받을 자격이 있다.
– 앤드류 매튜스

나는 이 세상에서 단 한 명뿐이다

"우리는 다름과 틀림을 혼용하는 기이한 시대에 살고 있다."

『이윤기가 건너는 강』의 저자인 소설가 이윤기가 한 말이다. 이 말은 꽤 많은 독자의 마음을 건드렸다. 왜냐면 실제로 우리는 이 두 단어를 혼용해서 쓰고 있고, 그로 인해 많은 혼란을 겪고 있기 때문이다. 좀 더 엄밀히 말하자면 두 단어를 혼용해서 쓴 결과로 혼란만 겪은 것이 아니다. 혼란과 함께 자신을 자학하는 문제들을 겪고 있었다. 그래서 많은 사람으로 하여금 공감과 위로를 얻게 된 것이다. 아마 혼란만 겪고 있었다면, 그냥 끄덕끄덕하고 넘기는 수준이었을 것이다. 다만 관심을 가질 수 있는 사람들이 있다면 언어학자들이었을 것이다.

'다름'과 '틀림'의 얘기를 본격적으로 하기 전에 파악하고 넘어가야 할 것이 있다. 그것은 이 두 단어의 사전적 정의를 알아보는 것이다. 네이버 국어사전에서 찾아보면 '다르다'는 '비교가 되는 두 대상이 서로 같지 아니하다.'라는 뜻이다. 반면에 '틀리다'는 '셈이나 사실 따위가 그르게 되거나 어긋나다.'라는 뜻이 있다.

부모 면담을 하다 보면 자녀들을 도대체 어떻게 대해야 할지 모르겠다고 호소할 때가 많았다. 모두 절절한 내용이다. 그 호소 문제를 듣다 보니 한 가지 공통적인 부분을 발견할 수 있었다. 도대체 아이들을 수용하기가 어렵다는 것이다. 자녀들을 양육할 때 어떻게 대해야 하는지에 대한 질문이 아니었다. 그들은 ADHD 증상을 보이는 아이들을 받아들이는 것에 대한 힘듦을 호소하고 있었다. 그래서 부모들은 단순한 양육 방법의 어려움을 넘어서 한 인간을 어떻게 받아들여야 할까에 대한 근원적인 고민을 하고 있었다.

꽤나 무거운 호소 문제였다. 그 아이들은 학교생활을 할 때 친구들과 관계를 맺는 것이 어렵다. 그래서 미움의 대상이 되고, 심지어 왕따가 되기도 한다. 또한, 수업 시간에는 계속해서 수업의 흐름을 방해할 때가 많다. 그래서 아무리 마음이 넓은 선생님이라도 보통 아이들보다는 미운 마음이 들 수 있다. 물론 그 미움이 물리적으로 전해지지는 않지만, 그 아이들이 안타까운 상황에 좀 더 쉽게 놓이게 된다는 것이다. 게다가 학교에서 이런 상황이 자주 반복이 되면 될수록 부모님은 원치 않게 방문해야 하고, 그런 일로 인해 부모들의 가슴에 박히는 못이 하나, 둘 늘어가게 되는 것이다. 그러니 부모님들은 ADHD 증상을 보이는 아이들을 받아들이는 것이 힘들 수밖에 없을 것이다. 그 증상이 더 심하면 심할수록 아마도 더 자녀들을 받아들이기 힘들 것이다.

이렇게 부모-자녀 관계 문제는 다름과 틀림을 구분하지 못해서 생기는 경우이다. 부모들은 ADHD 증상을 보이는 아이들을 틀림의 관점으로 보았다. 아이들이 조금 더 학교에서 선생님 말씀을 들어야 하고, 조용하게 선생님의 말씀을 경청해야 한다는 암묵적인 압박을 하는 것이었다. 즉, 이렇게 얌전하고, 의젓한 모습을 보여야 정상이라고 생각하는 것이다. 물론 ADHD 증상을 보이는 아이들이 학교에서 문제를 일으키는 것은 맞다. 그것은 사실이다. 하지만 그렇다고 해서 그 아이들이 비정상이고, 인간으로 존중받을 권리가 없다는 뜻은 아니다. 그 아이들은 자신이 몰입하고, 재미있는 것을 찾는다면 보통 학생들이 보일 수 있는 능력의 몇 배 이상을 보여준다. 다만, 지금 학교라는 장면에서는 그 아이들이 가진 무한한 능력을 보여줄 기회가 적다. 그래서 비정상이라는 딱지가 붙게 된다.

나는 부모 면담을 하면 이 두 가지를 꼭 구분해준다. 다름과 틀림이다.

아이들이 학교에서 문제행동을 보이고 이 과정에서 학교 적응에 어려움을 보이는 것은 분명하다. 그러나 이런 어려움이 있다고 해서 잘못된 것은 아니라고 말이다. 단지 이 아이들은 다른 아이들과 다르게 학교 적응에 조금 더 어려움을 가진 것이고, 시간이 좀 더 필요한 것일 뿐이다. 그리고 학교에서 찾기 어려운 아이들의 강점을 적극적으로 탐색해서 관점을 전환해준다. 물론 쉽지 않지만, 이 과정만으로도 부모님들의 힘듦은 많이 경감되는 것을 경험할 수 있었다.

다름과 틀림을 구분할 수 있을 때 행복이 찾아온다

다름과 틀림의 혼동은 미(美)의 기준에서도 발견할 수 있었다. 보통 모델이라고 하면 어떤 모습을 떠올리게 되는가? 체형은 날씬하며, 키가 큰 이미지를 떠올리게 된다. 하지만 최근 모델의 영역에서 새로운 바람이 불고 있다. '플러스 모델'이 등장한 것이다. 명칭에서 파악할 수 있듯 이 모델은 평균적인 모델들이 입는 사이즈보다는 좀 더 큰 사이즈를 입는다. 즉, 체형이 일반적인 모델과는 다르다는 것이다.

사실, 이들이 처음 등장했을 때 나쁜 시선으로 보는 사람들도 많았다. 상처가 될 수 있는 말을 서슴지 않기도 했다. 하지만 그들은 그런 반응이 있을수록 더욱더 보란 듯이, 당당하게 자신의 워킹을 이어나갔다. 아마도 나쁜 시선으로 플러스 모델을 비판했던 사람들은 다름의 관점이 아닌 틀림의 관점으로 보았기 때문에 그런 말을 했을 것이다. 틀림의 관점으로 본다면 무엇을 하든 잘못된 것으로 보이기 마련이다.

모델 배정남의 경우도 마찬가지였다. 그는 일반적인 모델의 평균 키보다 작다. 하지만 그는 오랜 시간 동안 패션쇼에서 자신의 워킹을 이어가고 있다. 지금까지도 활발하게 자신의 워킹을 이어가고 있다. 그도 마찬가지로 그 자리를 그냥 얻은 것은 절대 아니다. 수많은 고난 끝에 그 자리를 얻게 된 것이다. 아마도 그 자리를 얻게 되기까지 그의 피나는 노력이 있었을 것이다. 그리고 노력과 함께 자기 자신을 틀림의 틀 안에 가두지 않았다는 것이다. 그의 의식 속에는 '나는 단지 일반적인 모델과는 다를 뿐이고, 키가 작은 대신 다른 매력으로 승부하겠다.'라는 의식이 존재했다. 실제로도 많은 프로그램에서 모델이 되기까지의 소회를 밝히기도 했다.

나는 앞서 소개한 플러스 모델과 모델 배정남을 보며 큰 감동을 받았다. 감동의 핵심은 그들의 정신승리였다. 분명 그들은 모델로서 자신을 틀린 것이 아니라 기존 모델들의 모습과는 조금 다르다고 생각한 것이다. 그리고 거기에서 한 발짝 더 나아갔다. 자기 자신을 패션쇼 위에 올린 것이다. 대중들이 볼 수 있도록 한가운데 세웠다는 것이다. 그것도 매력 넘치는 모습으로, 당당하게! 그 모습은 마치 우리는 틀리지 않았음을 증명하는 것과도 같았다. 그래서 그들의 사례를 곱씹을수록 정말 멋있고, 감동하고 있다. 아마 그들 자신도 현실을 이겨냈다는 희열이 가득할 것이 분명하다.

이 글을 제대로 읽었다면, 그들의 모습이 정말 부럽고, 매력 있다는 생각을 하게 될 것이다. 그들의 매력은 어디에서 나오는 것일까? 그곳은 바로 외면이 아닌 내면이 시작점이다. 그들의 내면을 낱낱이 볼 수는 없지만, 아마 모델로 일할 때는 정말 순수할 것이다. 삶의 역동성과 함께 말이다. 그렇게 내면이 살아 숨 쉬기 위해서는 깨끗하게 자기를 사랑하는 마음이 존재했을 것이다. 무엇보다 그들이 그렇게 자신을 사랑하는 것이 가능했던 이유는 바로 다름의 관점으로 자신을 본 것이다. 모델로써 자신은 틀린 것이 아니라 다른 일반적인 모델들과는 다르다고 본 것이다. 그래서 조금 더 자신의 매력에 집중할 수 있었고, 그것은 차별화로 이어졌다. 또한 차별화된 매력을 더욱더 소중하게 가꾸었다. 그래서 대중들은 그들에게 그토록 매력을 느끼는 것이다.

강연을 하다 보면 자기 자신을 사랑하기 위해서 어떻게 해야 하는지 모르겠다는 사람들이 많다. 사람은 누구나 사랑할 수 있다. 삶의 목적이 사랑이라는 말이 있을 정도이다. 이런 말이 있을 정도라는 것은 사람은 누구나 사랑하고 싶고, 사랑할 수 있다는 것을 의미한다. 그러나 그 사랑을 못 한다면 어떤 원인이 있는 것이다. 이 장에서는 다양한 원인 중에 하나를 찾게 해주었다. 지금까지 내가 나를 사랑하지 못했다면, 아마도 틀림의 관점으로 나를 대했을 가능성이 크다. 이제부터는 틀림의 관점이 아닌 다름의 관점으로 나를 대해보자. 단언컨대 분명 새로운 삶이 펼쳐질 것이다.

'백문이 불여일견'이라고 했다. 읽는 것만으로 끝날 것이 아니라 꼭 실천해보자. 그리고 나를 더 사랑하는 삶을 살아보자. 다름의 관점으로.

03 나만의 기준을 확실히 정하라

내 기준이 단단할수록 남에게 휘둘리고 갈등하는 일이 줄어든다.
– 오광조

세상이 흔들려서 문제인가, 내가 흔들려서 문제인가?

우리는 평생을 사람의 숲에서 살다가 간다. 이 말은 나의 스승님이신 대화 스님이 참만남 집단상담을 하면서 늘 강조하셨던 말이다. 여기에는 많은 의미가 포함되어 있다. 그중 하나는 끊임없이 주고받는다는 뜻이 담겨 있다. 그러니까 출생과 동시에 어떤 누군가와 상호작용을 시작하고, 그 상호작용은 죽기 전까지 하게 된다는 것이다. 이런 세상에서 살고 있으니 나 혼자 산다는 것이 불가능할 것이다. 이런 세상에서 살고 있기 때문에 우리는 한 번쯤은 경험한다.

'내가 흔들리는 문제'

이 문제를 다르게 표현하면 소신 없이 갈팡질팡하는 경험이라고 말할 수 있다. 아마 누구나 한 번쯤은 경험해봤을 것이다. 나 또한 경험해봤다. 이렇게 소신이 흔들릴 때는 그 원인이 누구에게 있는 것일까? 보통 우리는 다른 사람이 문제라고 생각한다.

나는 자장면을 먹고 싶은데, 친구가 짬뽕을 권한다. 새로 나온 신제품에다가, 인기메뉴라고 한다. 당연히 흔들린다. 처음에 자장면을 먹겠다는 내 결정이 흔들린다. 잠시 고민하다가 어려운 결정을 내린다. 나는 자장면 대신에 친구가 권해준 짬뽕을 선택한다. 주문한 메뉴가 나오고 설레는 마음을 안고 맛을 보았다. 결과는 대실패였다. 내가 기대했던 맛이 아니었고, 심지어 불어서 나왔다.

이 문제의 원인은 누구일까? 나인가? 아니면 친구인가? 아마 친구 탓을 하는 사람이 있을 것이다. 친구가 맛있다고 권하지만 않았다면 나는 내가 좋아하는 자장면을 즐길 수 있었다. 그러나 냉정하게 돌아본다면 그 책임은 나에게 있다. 이 말은 소신이 없었던 것이고, 나만의 호불호가 명확하지 않았다. 즉, 나에게 나만의 기준이 없었던 것이 문제이다. 내가 가진 기준이 확실하게 있었다면 친구의 말에 흔들리지 않았을 것이다. 만약 다른 선택을 하고 싶었다면 그렇게 후회하지도 않았을 것이다. 애

꽂은 친구를 탓하지 말도록 하자. 괜히 선한 마음으로 좋은 것을 권했던 친구를 나무라지 말자. 기준이 없었던 나를 돌아보자.

마음의 드라마를 다루는 불경이든, 성경이든 모든 것은 마음의 문제라고 한다. 이 말은 내 안에 답이 모두 다 있다는 것이다. 그래서 외부에서 찾지 말라고 하는 것이다. 현재 내 문제를 외부에서 찾는 것은 아마도 사막에서 작은 진주를 찾는 것과 같을 것이다. 그만큼 모든 문제는 내 마음에 그 원인을 찾을 수 있다. 이 경우도 마찬가지다. 심리치료를 하다 보면 종종 모든 것이 다른 사람의 탓이라고 말하는 사람들이 있다. 그들의 속마음과 행동을 유심히 들여다보면 사실 그 문제는 나에게 원인이 있다는 것을 알 수 있다. 자신의 문제는 전혀 없다고 말할수록 자신의 문제를 더욱 인정하게 되는 셈이다.

사실, 다른 사람을 탓하는 것은 내가 잘하는 것이기도 했다. 나는 대학교 진로를 선택할 때 자동차기계공학과를 선택했다. 그때 당시에는 나조차도 나의 흥미와 적성을 몰랐다. 그래서 부모님께서 좀 더 권유해주시는 학과를 다니게 되었다. 그러나 그 결과로 나는 입학과 동시에 편입을 생각하게 되었다. 그리고 학교에 다니면서 후회를 했다. 부모님께 잘못을 돌리면서 말이다.

다시 생각해봐도 안타까운 현실이다. 나는 그 귀한 청춘을 대학교 2년

동안 낭비했고, 무력감과 우울감이 더욱더 깊어졌고, 경제적으로도 손해였으며, 무엇보다 부모님을 탓하며 거리를 두게 되었다는 것이다.

여기에서 중요한 것은 '누가 책임을 질 것인가?'가 아니다. 내가 기준 없이 했던 선택이 얼마나 큰 손실을 줘왔는지가 핵심이다. 더군다나 인생의 중요한 기점이 될 수 있는 한 시점에 다소 경솔했던 선택으로 그 손실이 더욱더 크게 느껴질 뿐이다.

이 글을 읽으면서 바로 자신의 얘기라면 뼈아프게 깨닫기를 바란다. 후회되고, 안타깝고, 더욱더 다른 사람을 탓할 수도 있다. 그것도 아니면 그런 선택을 했던 나 자신이 싫을 수도 있다. 괜찮다. 지금 어떤 감정을 느끼고 있더라도 좋다. 지금 느끼는 그 부정적인 감정은 이후에 내 삶의 자산이 될 것이다. 부정적일수록 더욱더 다음에 그러한 실수를 반복하지 않을 수 있도록 도와줄 것이다. 그래서 아프지만, 후회되지만 그 감정에 머물러보길 바란다.

어느 정도 머물렀다면 이제 다짐을 하자. 다음부터는 '내 기준에 따른 삶을 살겠다!'라고 말이다. 중요한 일일수록 오늘의 일과 내 기준을 지키겠다는 다짐을 하자. 왜냐면 내 인생은 한 번뿐이기 때문이다. 그래서 그 기준은 나에게서 나와야 하고, 다른 사람에게서 나와서는 더욱더 안 된다. 다만, 다른 사람들의 의견을 참고는 할 수 있겠지만, 그 기준이 내 것이 되어서는 안 된다. 다른 사람의 기준, 사회의 기준이 좋다면 벤치마킹

할 수는 있겠지만, 나의 허락 없이 그 기준들이 내 것이 되게는 하지 말자는 것이다. 조심해야 한다. 우리는 습관적으로 다른 사람들의 기준을 그냥 받아들인다. 지금까지 그렇게 살아온 만큼 정신 차리고 있어야 할 것이다.

기준을 세워서 더 이상 흔들리지 말자

이제부터는 나만의 기준을 세우자. 기준을 만들기 위해서 할 수 있는 첫 번째는 '흥미를 찾는 것'이다. 이는 단순하고, 간단해 보여도 매우 중요하다. 왜냐면 이 흥미를 제대로 알아야 나의 진짜 기준에 다가갈 수 있기 때문이다. 흥미라고 말을 할 때, 진짜 내 것인지 잘 생각해봐야 한다. 보통 내가 좋아하는 것이 아니라 내가 좋아해야 하는 것을 선택할 수도 있기 때문이다. 이러한 일들은 내가 어떤 목표를 두고 있을 때 더욱더 잘 나타난다.

예를 들어 심리검사를 할 때는 자신이 그 순간 느껴지는 그대로를 점검해야 한다. 하지만 어떤 자기 상을 두고 점검한다면 그 상에 맞게 점검할 가능성이 높아지는 것이다. 그래서 내가 좋아하는 것을 점검하는 것이 아니라 내가 좋아해야 하는 것. 다시 말해, 내가 그려 놓은 자기 상에 맞는 흥미를 점검한다는 것이다. 그래서 이런 점을 유의해서 흥미를 찾아보자.

두 번째는 '나의 어릴 적을 돌아보는 것'이다. 어릴 적을 돌아보는 이유는 그때 내가 가장 순수하고, 때 묻지 않은 그대로의 나를 알 수 있기 때문이다. 우리는 살아오면서 많은 경험을 하게 된다. 그래서 어릴 적 순수했던 나의 모습에 수많은 경험이 덧입혀져서 지금의 내가 있는 것이다. 지금의 나를 생각하면 혼란이 일어나기 쉽다. 이런 모습이 진짜 나인 것인지, 아니면 그와 반대의 모습이 진짜 나인 것인지 헷갈리는 것이다.

나는 심리학을 전공했고, 상담사로 일하고 있다. 그렇게 일을 하면서 언제부턴가 나는 돈을 참 좋아하는 사람이라는 것을 알게 되었다.

학창 시절에 나는 평소 내향적인 성격을 갖고 있다고 생각해왔다. 그러나 상담을 받으면서 새롭게 나에 대해 알게 되었다. 나는 내향적인 성격을 가진 것이 아니라 과거 상처로 인해 내향적인 모습을 보였던 것이었다. 그래서 원래 내 성격은 외향적인 성격이었다. 그것을 확실하게 알려준 것은 어릴 적 기억이었다. 어머니의 말씀에 의하면 어렸을 때부터 사람들 앞에서 춤추길 좋아했다는 것이었다. 그리고 더 재미있는 것은 밥솥을 끌고 다니면서 노래를 부르며 돈을 수금(?)하고 다녔다는 것이었다. 환경의 영향을 받지 않은 내 모습은 그러했다.

이렇게 나의 본 모습을 찾으니 신기하게도 힘이 났다. 지금까지 진짜 나를 거부해오며 살아왔던 것을 깨닫게 된 것이었다. 깨닫기 전에는 발표하는 것이 무척이나 싫고 부담스러웠다. 하지만 나를 찾으니, 발표가 그렇게 고통스러운 것으로 여겨지지 않았다. 물론 아직도 큰 무대에서는 긴장이 되고 떨린다. 변화가 있다면 그 떨림도 요즘은 조금씩 즐기고 있다는 것이다. 당신도 찾길 바란다. 어릴 적 기억 속의 내 모습을 찾아보라. 거기에 진짜 내가 있다.

정리하겠다. 진짜 내 기준을 정립하는 핵심은 진짜 나를 찾는 것이다. 그래야 '나'만의 기준을 세울 수 있다. 나는 나를 찾고 좀 더 나답게 살 수 있게 되었다. 그리고 더 웃을 일이 많아졌다. 다른 사람이 좋아해주는 것이 아니라 내가 좋아하는 것을 기준으로 선택하기 때문이다. 예전에는 사람들을 만나는 게 싫고 꺼려질 때도 많았다. 하지만 이제는 누구를 만나든 즐겁다. 새로운 사람들, 이미 알고 있는 사람들 혹은 앞으로 만나게 될 사람들이 기다려진다. 물론 때로는 지치고 힘들 때도 있다. 그럼 그때는 정중하게 양해를 구하고 거절하거나 미룬다. 나를 제대로 알게 되니 선택하는 힘도 생긴 것이다.

미루지 말고, 지금 당장 세우자. 나의 인생의 기준. 나는 오늘도 원래의 나로서 살아가겠다는 기준을 따르고자 한다. 이제 당신 차례다. 기준을 세우고, 행복도 세워보자.

04 당당하게 'No!'라고 거절하라

확실한 거절이 상대를 위한 진정한 배려다.
– 알랭 드 보통

나도 거절하고 싶다

"어떻게 하면 당당하고 우아하게 거절할 수 있을까?"

아마 누구나 한 번쯤은 고민해봤을 법한 질문이다. 대인관계를 하다 보면 무수하게 많은 상황들을 겪게 된다. 그 중 곤란한 경우도 꽤 많다. 특히, 우리나라는 정을 기반으로 한 문화이다. 그래서 서로 얽히고, 설킨 관계가 많다. 그래서 거절하기가 모호한 경우가 많다. 이번 부탁을 거절하자니 내가 이전에 받았던 것들이 있어서 어렵고, 들어주자니 내가 너무 난처해지는 부탁이고…. 그래서 나에게 화살이 돌아오지 않도록 다른 사람의 핑계를 대며 거절하는 경우가 많다.

하지만 그렇게 거절하게 되면 당장은 불편함을 모면할 수 있겠으나 찝찝한 느낌은 온전히 내 몫이 된다. 나 자신도 계속 뭔가 걸린다. 당사자를 볼 때는 더욱 뭔가 걸린다. 그때부터는 피하고 싶어진다. 이런 것들이 쌓이고 쌓이면 결국 의식적이든, 무의식적이든 그 사람과의 관계는 멀어지게 되는 것이다.

거절의 힘은 환상에서 벗어나는 것이다

요즘 처세술과 관련된 대중서가 많이 나오고 있다. 대중서가 하루가 멀다 하고 쏟아지고 있다. 하지만 여전히 거절하기는 쉽지 않다. 그 이유는 심리학적 이론들이 토대가 되지 않은 기술들이 많기 때문이다. 즉, 거절하기 어려운 것은 마음의 문제에서 비롯되는 것이기 때문에 마음의 문제를 해결하는 이론을 토대로 기술을 습득해야 한다는 것이다. 특히, 심리적인 문제가 있어서 거절의 어려움을 겪는 사람들에겐 어려움의 수준이 아니라 인생 과제로 느껴질 정도이기 때문에 단순한 기술로는 오히려 그들의 관계 속에서 역효과를 불러일으킬 수 있다.

예를 들어, 아직 상대방의 말이나 감정을 받아들일 수 있는 마음의 그릇이 커져 있지 않은 사람에게 무조건 거절하라고 몰아붙이는 것은 위험성이 따른다는 것이다. 물론 홍수법(Flooding)이라고 해서 한 번에 그 상황에 노출하는 방법이 있기는 하지만 그러한 과정들은 충분히 전문가의 상담과 역할 연습 후에 이뤄져야 한다는 것이다.

거절도 그냥 해서는 안 된다. 자신이 거절을 어려워하는 것에 대해서 충분하게 이해를 한 후에 실시해야 한다. 여기에서는 당당하게 거절하는 방법 3가지를 알려주고자 한다.

첫 번째, 거절하는 것의 두려움은 환상이다. 거절하는 것을 어려워하는 사람들은 거절 후의 인간관계 문제에 대해서 걱정을 한다. 그래서 쉽게 거절할 수 있는 것도 인간관계 때문에 못 하는 것이다. 거절 이후에 상대방이 나를 미워하고, 거부하며, 밀어낼 것이라 상상하기 때문이다. 그래서 상담 장면에서 역할 연습을 할 때 그 걱정 때문에 진도가 나가지 못하는 경우가 많다.

그런데, 이러한 걱정, 상상들은 거의 다 환상일 때가 많다. 어릴 적 부모-자녀 관계에서 안정적인 경험을 하지 못했기 때문에 그런 환상을 갖게 된 것이다. 그래서 그들에게는 이 환상이 생생한 현실처럼 느껴진다. 그리고 그 상상이 생생하면 생생할수록 거절하기는 더욱더 어려워진다. 실제로 일어나지 않은 일이지만, 실제로 일어난 일이라고 착각하는 것이다.

잊지 말아야 할 것은 거절 이후에 생길 수 있는 문제들은 어디까지나 상상일 뿐이다. 자신이 거절하면 상대방이 나를 비난할 것 같고, 바로 화를 내며, 싫어할 것이라는 생각 등을 갖는 것이다. 이러한 생각들은 사실 어디까지나 환상이다. 물론 실제로 이러한 일이 일어날 수도 있지만, 내가 상상하는 만큼의 파국화는 일어나지 않을 것이다.

나는 대학원 석사 시절 심리상담을 받기 전까지 마냥 착한 청년으로 살아왔다. 그래서 나는 다른 사람들이 어떤 부탁을 해오면 거절하지 못했다. 정말 안 되겠다 싶은 것 빼고는 거의 다 들어줬던 것 같다. 그러면서 나는 언제부턴가 대인관계가 힘들어졌다. 왜냐면 나는 거절하는 것이 두려웠기 때문에 모든 부탁을 들어줬고, 일은 거의 다 내가 도맡아 했기 때문이다.

하지만 점점 나의 어깨는 무거워졌고, 감당할 수 없는 지경에 이르렀다. 그래서 나는 피하는 선택을 했다. 내가 다른 사람들의 부탁을 거절할 용기가 없었기 때문에 아예 부탁이 내게 오지 않도록 피한 것이다. 특히, 나보다 높은 위치에 있는 어른들이나, 선배들에게는 더욱더 그러한 모습들을 보였다. 한번은 웃지 못할 사건이 있었다. 교내 복도를 지나가는 중이었다. 그런데, 멀리서 내가 알고 있는 선배의 모습이 보였다. 그리고 나는 무의식적으로 바로 발길을 돌려 그 선배를 피했다. 그 덕분에 나는 수업에 지각하고 말았다. 그 수업 시간에 나는 한동안 펜을 잡지 못했다. 왜냐면 수업 내내 나의 행동에 대해서 생각했기 때문이다. 나는 그 선배에게 잘못한 것도 없었지만, 죄를 지은 사람처럼 피했던 모습이 계속 맴

돌았다. 지금 생각해보면 참 웃음이 나기도 하고, 어이가 없는 일이다.

어쨌든 이렇게 거절에 대해서 잘못된 환상을 갖고 있다 보니 이렇게 웃지 못할 일들을 겪어 왔다. 이제는 적어도 내가 할 수 있는 것과 못하는 것들을 구분하게 되었고, 못하는 것은 못 하겠다며 거절을 하는 편이다. 하지만 아직도 한번씩 무의식적으로는 부탁을 들어주려고 한다. 정신 차리고 있지 않으면 예전의 내 습관대로 하는 것이다. 그래서 늘 정신을 차리며 대인관계를 하고 있다.

거절 이후에 생길 것 같은 일들은 환상이라는 것을 명심하자. 그렇다고 해서 무조건 거절하거나, 받아들이라는 것이 아니다. 중요한 것은 거절 이후에 생길 것 같은 환상으로 인해서 나의 판단이 흐려지지 않도록 하자는 것이다. 내가 머릿속에서 환상이라는 것을 알아차릴 수만 있다면, 좀 더 현명한 선택을 할 수 있을 것이다.

두 번째, 안전한 관계에서부터 시작하라. 바로 친하지 않은 사람부터 하는 것은 위험하다. 왜냐면 자신도 거절이 처음이라 미숙하고, 서툴기 때문에 상대방으로 하여금 오해를 불러일으킬 수도 있다.

예를 들어, 거절을 한 번도 해보지 않은 사람이 마음을 먹긴 했지만, 어쭙잖게 덜 친한 사람에게 했다고 치자. 그러면 상황에 따라서 그 사람은 다시 나와 관계를 맺기 싫어할 수도 있다. 어느 정도 친한 사이에서 한다면 '오 너 변했네?'라며 다시 물어올 여지가 있는 것이다. 하지만 덜 친한 사이에서 하면 그런 여지가 부족하기 때문에 관계가 나빠게 될 가능성이 크다. 그래서 친하고, 안전한 가족 관계나 친구 사이에서부터 차근차근 시작하는 것이 좋다.

만약 기회가 된다면 상담사를 찾아서 자신의 호소 문제를 말한 후에 역할 연습을 해보는 것을 추천하고 싶다. 사실, 가까운 사이라도 거절을 안 하던 사람이 갑자기 하게 되면 기분이 분명 상할 수 있다. 그래서 상담사와의 관계 속에서 미리 연습을 충분하게 해보는 것이다. 그리고 그 과정에서 벌어질 수 있는 예상 장면들도 미리 연습하는 것이다. 그러면 현실에서 적용하기가 훨씬 쉬워지고, 안정된 관계를 이어갈 수도 있다.

무엇보다 상담 장면에서 다뤄보는 것이 가장 좋은 이유는 자신의 심리적 원인을 찾을 수 있기 때문이다. 사실, 그냥 역할 연습만 한 후에 실생활에서 거절하는 것은 일시적인 효과는 있지만, 근본적인 효과는 거두지 못한다. 거절과 관련해서 유난히 민감한 사람들은 거의 다 어릴 적 가족 관계 문제를 경험했던 사람들이다. 그래서 상담 장면에서 이러한 내용을 충분히 토로하고, 자신 내면에 쌓여있는 감정들을 해소해내야 한다. 그래야 실제로 대인관계를 할 때 거절과 관련된 문제들에 덜 발목을 잡힌다.

세 번째, 욕심을 줄이자. 거절하기 어려운 이유 중의 하나는 둘 다 잡고 싶어 하기 때문이다. 그러니까 거절하기 어려운 사람들은 내 앞에 있는 사람도 놓치고 싶지 않고, 내 안위도 놓치고 싶지 않은 것이다. 예를 들어, 내일 A라는 친구와 선약이 되어 있다. 하지만 갑자기 B라는 친구가 너무 외롭다며 A와의 선약을 취소하고 자신을 만나 달라고 하면 어떻게 할 것인가? 만약 A라는 친구가 너그럽게 이해해준다면야 문제가 없겠지만, 사실, 그렇지 않을 수도 있다. 그리고 A라는 친구에게 물어보기 이전에 이 문제는 자신의 신뢰성과도 관련된 문제이다.

그래서 이러한 상황에 놓이게 되면, 자기 나름의 판단대로 A 혹은 B라는 친구를 선택하는 것이 필요하다. 우리들은 A와 B를 둘 다 놓치지 않으려 하다 보니까 문제가 생기는 것이다.

거절에는 방법이 많다. 그리고 스킬도 많다. 하지만 자신에게 맞는 거절 방법은 따로 있다. 여기에서는 모든 사람에게 공통으로 적용될 수 있는 거절의 방법을 소개했다. 자신이 거절에 대한 어려움을 겪고 있다면 꼭 전문가와 상의해 보길 추천한다. 그리고 단순히 거절의 방법을 배우는 것뿐만 아니라 그 원인도 함께 깨달아서 더욱더 자유로운 자신이 되길 바란다.

STORM

내 인생을 위해 가지면 좋은 기준 : "관계는 나 자신만큼 소중하다."

1982년 부산을 배경으로 한 영화 〈범죄와의 전쟁〉에서는 관계, 인맥의 중요성을 보여주었다. 주인공 최익현(최민식 역)은 세관 공무원으로 일하고 있다. 하루는 지인의 요청에 의해서 세금을 부여해야 할 물품을 그대로 통과시키게 된다. 대신에 그는 짭짤한 뒷돈을 챙기게 된다. 그 경험은 지인이 있으면 무엇이든 다 해결될 수 있다는 믿음을 심어주었다. 이후 그는 자신의 수익을 위해서 모든 학연, 지연을 이용하는 모습을 보여준다. 그 믿음은 주인공을 배신하지 않았다. 그러나 그럴수록 점점 헤어 나올 수 없는 욕망을 불러일으켰다. 막대한 부를 축적하게 만들기는 했지만, 결국엔 파멸에 이르게 된다.

영화는 인생의 축소판을 보여주었다. 삶은 사람들과의 관계 속에서 모든 일들이 일어난다. 다만, 이 영화에서는 학연 및 지연으로 인해서 온갖 비리와 부조리가 생겨나는 것에 초점을 둔 것뿐이다.

반면에 성공도 관계 안에서 가능하다. 취준생의 선행으로 취업까지 하게 된 일들이 있다. 그는 지나가다가 노부부가 어려움을 겪게 된 것을 보고, 적극 도왔다. 그 도움을 귀하게 여긴 부부는 취업을 시켜주게 된다. 이는 어느 한 사람에게만 해당하는 특별한 얘기일 수 있다. 그래서 그냥 지나칠 수 있는 얘기이다. 하지만 그가 관계를 소중하게 여겼기 때문에 좋은 일들이 생겼다는 사실을 놓쳐서는 안 된다.

오해하지 말길 바란다. 부정한 방법인 인맥으로 성공을 하자는 것이 아니다. 관계 및 인맥의 중요성을 깨닫자는 것이다. 성공도 실패도 인간관계 안에서 일어나는 부수적인 일일 뿐이다.

관계에서 모든 성공과 행복이 나올 수 있음을 인식하자. 그 중요성을 깨닫는 만큼 내 인생은 좀 더 수월하게 풀려갈 수 있을 것이다. 잘나가는 영업 사원들에게 사람은 금과 같다. 더 이상 이런 신념은 그들만의 것이 되어서는 안 된다. 관계, 인맥, 사람을 나 자신만큼 중요하게 여길 때 우리의 행복과 성공은 더 빨리 나타날 것이다. 관계를 나 자신만큼 소중하게 여기자.

05 불편한 사람과는 적당한 거리를 둬라

어렵고 불편한 사람은 갈고 닦게 만드는 숫돌 같은 존재다.
화나게 하는 사람을 반면 교사로 삼아라.
– 오모이 도오루

모든 사람들과 친하게 지낼 수 없다

인간은 살아가며 필연적으로 관계를 하게 된다. 그래서 이 관계는 태어나서 죽음을 맞이할 때까지 하게 된다. 요즘 100세 시대이다. 평균 수명 80세라고 한다면, 그동안 셀 수 없이 많은 사람을 만날 것이다.

이렇게 셀 수 없이 많은 사람과 만나게 되는 것이 곧 인간의 삶이다. 그런데, 그 수많은 사람 중 모두 다 좋은 관계를 할 수 있을까? 모두 자신의 마음에 드는 사람들과 만나며 행복하게 관계를 할 수 있을까? 아마 혼자 이기를 자처하지 않는 이상 불가능할 것이다. 다시 말해, 내가 살아가면서 최소 1명 이상은 싫어하는 사람, 불편한 사람, 어색한 사람, 친해지기 어려운 사람 등과 교류하게 된다는 것이다.

문제는 여기서부터 시작된다. 상담소에 방문하는 많은 사람은 그 불편한 사람과 관계를 형성하는 것에 있어서 어려움을 느껴서 방문하게 된다. 카페나 블로그에도 이와 관련된 글이 많이 올라온다. 즉, 상담소에 방문하기 전까지 불편한 사람들과 관계를 잘 맺는 것에 실패했다고도 볼 수 있다. 이렇게 불편한 사람들과 관계를 맺는 것에 실패한 사람들의 특징들이 있다. 그중 하나는 모든 사람과 친하게 지내려는 욕심이 고통을 일으키게 된다. 다르게 표현하면 불편한 사람조차도 친하게 지내려고 노력한다는 것이다.

상담하면서 기억나는 일이 하나가 있다. 지인의 요청으로 상담을 진행하게 되었다. 나와 만나게 된 사람은 대학생이었다. 그 학생의 고민은 우울증이었다. 그래서 상담받기 전에 너무 우울해서 자살까지도 생각했다고 하였다. 그래서 나는 상담을 하면서 학생의 말을 경청하였다. 그렇게 상담을 몇 주 동안 하면서 나는 그 학생의 우울증의 원인을 알게 되었다. 그것은 바로 어릴 때부터 자신이 대인관계를 해올 때마다 영향을 주었던 굳은 신념이었다. 신념의 내용은 '모든 사람과 친하게 지내야 한다.'라는 것이었다.

이렇게 굳은 신념은 언제부턴가 자기 자신을 잠식시키고 있었다. 자신을 잃어가고 있다는 것이었다. 왜냐면 모든 사람과 잘 지내고, 친하게 지내야 하다 보니 웬만하면 자기 생각을 표현하기보다는 듣는 태도를 보였던 것이다. 그리고 무엇보다 자신이 싫은 사람이 있더라도 그 사람의 마음에 들기 위해서 굉장한 노력을 쏟아붓는다는 것이었다. 그래서 그 당사자에게는 자신의 진짜 감정을 표현하지 못하는 것은 물론이고, 그 부정적 감정은 내면에 쓰레기처럼 남아서 자신을 괴롭혔다. 그러니 그 학생은 우울할 수밖에 없는 대인관계를 했다.

상담을 계속 진행하며 나는 그의 내면에서 존재하는 핵심문제를 깨닫도록 도왔다. 그 과정은 쉽지 않았지만, 서로의 노력 끝에 자신이 왜 그렇게까지 많은 사람들에게 사랑을 받고 싶었는지에 대해서 깨달았다. 그 과정이 있고 난 뒤부터 모든 사람과 친해져야 한다는 생각은 조금씩 바뀌었다. 그리고 자신이 싫은 사람과는 적당한 거리를 둬도 괜찮다는 것을 알게 되었다. 상담이 끝나고 알게 된 것이지만, 학생은 이제야 조금 자신의 삶을 사는 것 같다며 행복감을 느끼고 있었다.

이 내용은 내가 상담을 하면서도 느꼈던 부분 중에 하나이고, 나도 해당되는 일이다. 사람들은 모두 다 대인관계가 중요하다고 생각은 하고 있는 것 같다. 하지만 대인관계에 관하여 자신만의 건강한 신념이나 철학, 가치관이 없는 사람들이 많았다. 만약 신념이 있다고 하더라도 그 신념을 제대로 돌아볼 생각을 하지 않는 경우도 꽤 많았다. 사실, 이 학생도 자신의 비합리적인 신념이 자신의 대인관계에 영향을 미치고 있다는 것만 알고 있었어도 우울증을 경험하지는 않았을 것이다. 결국 이 학생은 자신이 불편하게 느끼는 사람과 굳이 애쓰며 친해지지 않아도 된다는 신념을 정립하게 되면서 자신을 찾아가게 되었다.

적당한 거리는 인간관계를 오히려 가깝게 만든다

인간관계에 있어서 '거리를 둔다.'라는 의미는 부정적으로 많이 사용되는 것 같다. 뭔가 서로 간의 문제가 생겼을 때, 잠시 떨어져서 서로 자신만의 생각을 해본다는 의미로 사용된다. 그래서 이 말에는 부정적 편견이 있다 보니 잘 사용하지 않는다. 그러나 이런 생각을 뒤집는 이론이 있다. 역설적으로 거리를 두었을 때 더욱더 서로가 행복할 수도 있다고 말하기도 한다.

이러한 생각은 고슴도치 딜레마로 비유할 수 있다. 두 마리의 고슴도치가 있다. 그런데, 겨울이다 보니 두 마리가 살기 위해서 서로가 붙어서 지내야 한다. 그래야 온기를 유지할 수 있기 때문이다. 하지만 두 마리는 고슴도치이기 때문에 서로가 가까워질수록 서로를 해치게 된다. 각자의 바늘이 상대방을 찔러버리기 때문에 문제가 되는 것이다. 그러나 바늘이 서로를 찌른다고 해서 멀어질 수도 없다. 왜냐면 한겨울이기 때문에 혼자 있게 되면 온기를 유지할 수 없게 되고, 결국 얼어 죽을 것이기 때문이다. 그래서 이 둘은 멀어지고, 가까워지기를 반복해서 이 둘이서 살 수 있는 적정한 거리를 찾게 된다. 두 마리의 고슴도치 우화는 독일의 철학자 아르투르 쇼펜하우어가 1851년에 『여록과 보유(Parerga And Paralipomena)』라는 저서에서 소개하고 있다.

문화인류학자 에드워드 홀도 사람 간에 있어서 거리가 필요하다고 생각했다. 물론 이는 사람마다 의식적으로 느끼고 있는 것은 아니지만 생활 속에서 자기도 모르게 실천하고 있다. 이 거리는 총 4단계로 나누었다. 1단계는 친밀한 거리로 46cm 이내, 2단계는 개인적인 거리로 46~122cm, 3단계는 사회적 거리로 122~136cm, 4단계는 공적인 거리로 366cm 이상으로 구분 지었다.

여기에서 확실하게 알 수 있는 것이 있다. 친밀함의 수준에 따라서 거리를 두는 것이 필요하다는 것이다. 아주 가깝지 않다고 느끼는 사람임에도 불구하고, 매우 가까이 있다면, 그 관계는 오래 유지될 수 없다. 거리를 유지하지 않는 상대와는 갈등이 일어날 수밖에 없고, 가까이 있더라도 그 관계는 표면적인 관계만 유지하거나 살얼음판을 걷는 불안과 긴장감만이 둘 사이를 채워줄 것이다.

사람 간의 거리는 이성 관계에서 특히 중요하다. 연인 관계를 유지하면서 싸우지 않는 커플은 없을 것이다. 즉, 누구나 한 번쯤은 싸운다. 그런데, 재미있는 사실이 있다. 모든 커플이 싸우는 이유는 다르지만, 이 갈등이 악화하는 과정은 비슷하다는 것이다. 아마 이런 경험 한 번쯤은 해봤을 것이다. 어떤 이유로 인해 남녀는 싸우게 되었다. 그 일로 인해서 남성은 화가 났다. 그래서 남성은 혼자 있으면서 생각의 시간을 갖고 싶어 했다. 하지만 여성은 그렇게 혼자 있는 남성을 가만두지 않았다. 가까이 다가가서 어서 기분을 풀고, 대화하자며 끌어냈다. 마치 동굴에 들어간 곰을 억지로 끌어내는 것과 같은 모습이다. 하지만 남성은 그렇게 이끌어내는 모습 때문에 더욱더 화가 난다.

"아 혼자 있고 싶다구!"
"답답해! 얘기해야 풀리지!"

이 모습은 마치 수학 시간에 배우는 뫼비우스의 띠와 같은 모습이다. 서로의 방식으로 접근해서 문제를 해결하려 하지만 그 과정은 계속해서 어긋난다. 그렇게 남녀는 서로 쫓고, 쫓기는 모습을 반복하며 갈등이 더 심화한다. 이 둘의 모습은 꼭 남성이라서 동굴로 들어가는 것은 아니다. 여성이라도 충분히 그럴 수 있다. 사람의 성향에 따라서 차이가 있을 수 있다.

문제는 부정적인 일이 생긴 이후로 서로의 관계가 유지되고 있지 않다는 것이다. 물론 이들은 부정적인 일이 생기기 전까지는 너무나도 사랑하는 관계였다. 그래서 가깝게 지내며 서로의 사생활을 공유하며 가깝게 지내고 있었다. 하지만 부정적인 일이 생긴 이후로 그 순간만큼 자신의 연인은 불편한 사람으로 변했다. 그래서 어느 정도의 거리가 필요했다. 가까이 가면 갈수록 문제를 악화시킨다는 것이다. 물론, 거리를 둔다고 해서 100% 갈등이 해결되는 것은 아니다. 하지만 확실한 것은 거리를 두지 않음으로 인해서 갈등 해결의 실마리가 완전히 사라졌다. 그래서 연인관계는 특히나 서로 간의 거리를 두는 것이 필요하다. 그리고 부정적인 일이 생겨서 서로가 불편한 사람이 되었을 때는 더욱더 그 거리를 유지하는 것이 중요하다.

사람들의 숫자만큼 사람들은 모두 제각기 가진 성향, 성격 그리고 삶의 기준 등이 다르다. 그래서 사람들과 관계를 하다 보면 부딪힐 수밖에 없다. 자신의 인생 속에서 불편한 사람 한 명 이상은 꼭 만나게 된다는 것이다. 이럴 때 자신만의 기준이 없으면 자신도, 상대도 힘들어질 수 있다. 그러니 불편한 사람들과 만났을 때 자신만의 기준을 세워서 그 기준에 따르자.

불편한 사람들과 만났을 때 자신이 배려해서 그 사람과 맞출 수 있으면 맞추자. 만약 맞추기 힘들다면, 너무 애쓰지 말자. 자신의 노력으로도 이뤄지지 않을 관계는 무너질 수밖에 없다. 그렇다고 상대를 무시하라는 것은 아니다. 어떤 관계든 나를 성장시켜주고, 소중하기 때문이다. 그래서 우리는 인간관계에서 정립시켜야 할 기준이 한 가지 있다. 그것은 바로 '불편한 사람과는 적절한 거리가 우선'이라는 것이다.

06 말이 아닌 감정에 솔직해져라

표현하지 않은 감정은 절대로 죽지 않는다.
- 지그문트 프로이트

이제는 감정 어필의 시대다

자기 PR의 시대이다. 분명히 시대가 변화의 흐름에 있다. 이전의 시대에는 자기 생각이 있더라도 참고, 인내하며 전체의 의견에 따라서 그것을 존중하는 것이 미덕이라고 여겼다. 또한, 어떤 성취를 했다면 자신의 공을 드러내기보다는 주변 사람들의 공을 더욱 드러내는 겸손을 보여주는 것이 그 사람의 격이라고 생각했다. 하지만 이제는 어떻게든 자신을 드러내고, 또 당당하게 표현하는 것이 멋이고, 매력이라고 생각하는 시대가 되었다. 지금 그러한 시대에 살고 있다.

오랫동안 대중적인 인기를 불러일으킨 예능 프로그램 〈무한도전〉의 노홍철은 솔직함의 대명사이다. 그래서 많은 대중으로부터 인기를 받았다. 그는 프로그램 내에서 남녀노소를 불문하고, 처음 보는 사람과 바로 형과 아우가 되는 친화력을 보인다. 그러나 그에게서 큰 매력을 느끼는 부분은 바로 솔직함이다. 자기 생각을 거침없이 표현하는 모습은 모두를 놀라게 한다. 그 솔직함으로 인해 상대가 어쩔 줄 몰라 하는 모습을 보일 때 큰 웃음을 짓게 만든다. 아마도 그를 좋아하는 팬은 대리만족을 많이 느낄 것이다. 예의라는 것에 갇혀서 평소에는 자신의 마음속으로만 담아 뒀지만, 끝내 못했던 말들. 누구에게나 한마디쯤 있을 것이다. 그래서 그를 보고 있으면 뭔가 모르게 속이 시원해지는 느낌을 받는다. 그의 캐릭터는 우리가 못 하는 것을 대신하기 때문이다.

나도 노홍철의 팬이었다. 그를 보면서 하고 싶은 말을 거침없이 하는 모습이 부러웠다. 바꿔 말하면 나는 늘 내 마음을 속 시원하게 표현하지 못하는 고민을 하고 있었던 것이다. 예를 들어, 기분 나쁜 일이 있으면 그냥 넘기거나 참는 편이었다. 특히 아버지와의 관계에서 많이 참았다. 하고 싶은 말을 못 했고, 내 감정도 표현하지 못했다. 나는 아버지의 무뚝뚝한 성격이 너무도 싫었다. 그래서 그 성격을 고쳤으면 좋겠다는 생각을 매일같이 했었다. 그러나 내가 이런 기대와 생각을 할 때마다 아버지는 더욱더 무뚝뚝한 성격을 고집하시는 것 같았다.

이런 일이 계속해서 반복되었다. 적어도 내가 심리학을 만나기 전까지 계속해서 이런 생각을 해왔다. 그러니까 최소 20년은 한 것이다. 그 정도의 시간이 지나니 내 몸에서 적색경보가 울리는 것 같았다. 식사하면 소화가 안 되는 것은 기본이었다. 그리고 어딘가 모르게 내 가슴은 꽉 막힌 것 같이 느껴졌다. 때로는 누군가가 내 가슴이나 배를 바늘로 콕콕 찌르는 것 같은 느낌도 들었다.

심리학을 본격적으로 공부하면서 알게 되었다. 내가 경험했던 신체 증상들은 모두 다 신경증적인 증상이었다. 감정표현을 억압했던 결과로 나타난 것이었다. 그러니까 몸이 내게 신호를 보낸 것이다. 이제는 감정을 담아둘 곳이 없다고 말이다. 내면에 있는 감정의 쓰레기통이 꽉 찼다는 신호를 보내는 것이다.

어떤가? 이는 나만의 이야기가 아닐 수 있다. 바쁜 일상을 보내고 있는 현대인들에게 나타날 수 있는 일들이다.

솔직하게 드러내야 할 것은 말이 아닌 감정이다

아마 이 글을 읽고 있는 당신은 알고 있었을 것이다. 내 정신건강이 더 나빠지지 않기 위해서는 일단 솔직함이 우선이라는 것을. 그렇다면 솔직함이 중요한 것을 알았다면, 무엇에 솔직해야 할까? 생각? 말? 감정? 정말 솔직해야 할 것은 바로 감정이다.

요즘 심리학에 대한 지식과 교육이 대중화되어서 정신건강 관리에 대한 지식수준이 높다. 그러나 이 지식이 잘못 사용되는 경우도 심심찮게 보았다. 내가 경험했던 어떤 학급의 교사는 학생들과 교우 관계를 위해서 좋은 문화를 만들었다. 그것은 자신이 화가 났을 때 그 이유를 말하는 것이었다. 정말 좋은 문화다. 학급에 좋은 문화가 정착되는 것 같아서 적극적으로 동의했다. 하지만 그 과정은 초기에는 효과를 볼 수 있었지만, 시간이 지날수록 그 결과는 들쭉날쭉했다. 오히려 친구들과 더 싸우게 되는 경우도 있었다는 것이었다.

나는 담당 교사와 수차례 논의 끝에 알게 되었다. 핵심은 감정이 빠져 있었다. 학생들이 기분이 나빴다면 이유만 말하는 것이 아니라 그 당시 느꼈던 감정을 말함으로써 마침표를 찍어야 한다. 다행히 핵심문제를 짚고 난 후 적용을 했더니 긍정적 효과를 보였다. 학생들이 자신의 감정에 좀 더 초점을 맞춰 말하도록 지도하니 이전보다 조금 더 차분해진다는 것이었다.

어떻게 이런 효과가 나타나는 것일까? 감정이 곧 내 자신이기 때문이다. 물론 생각도 자신이라고 할 수 있다. 하지만 좀 더 '진짜 나'와 맞닿아 있는 것은 감정이다. 간단한 예를 들어보겠다. 어떤 상황이 일어나면 바로 반응하는 것은 생각이다. 그러나 생각만으로 끝나는가? 아니다. 생각이 일어난 뒤에 바로 감정이 일어난다. 그래서 나를 표현하기 위해서는 생각이 될 수도 있지만, 더욱더 나를 표현할 수 있는 것은 감정이다. 즉, 나를 표현하고자 할 때 방점은 감정에 둬야 한다는 것이다.

또한, 생각은 우리들 자신을 속일 수도 있다. 그러니까 내가 기분이 나빴지만, 말을 할 때는 긍정적으로 할 수가 있다는 것이다. 그래서 자신도 속이고, 타인도 속일 수 있다. 하지만 반대로 감정은 속일 수가 없다. 왜냐면 그 반응이 신체로 드러나기 때문이다. 내가 답답함을 느끼고 누군가 바늘로 콕콕 찌르는 것 같은 느낌이 바로 그 예이다. 내가 사람들 앞에서 웃으며 말을 할 수는 있지만 내 감정을 속일 수 없다는 것이다. 이런 심리학적 원리는 심리상담 관련 연구에서도 발견할 수 있다. 연구자들은 상대방의 언어적 메시지보다 비언어적 메시지에 더욱더 주의를 기울여야 한다고 주장한다. 즉, 눈빛, 손의 떨림, 눈썹의 움직임 등에 관심을 가지라는 것이다.

심리상담을 하면서 나는 부모님과 면담을 할 때 꼭 일러두는 것이 있다. 그것은 감정에 대한 부분이다. 자녀들이 이전에 하지 않던 감정을 표현하면 당황하지 말라고 말한다. 절대 부정적인 것이 아니라고 일러둔다. 이전에 하지 않던 감정을 표현한다는 것은 정신적으로 건강해지고 있다는 신호이기 때문이다. 그동안 억눌려 있던 감정이 상담을 통해서 표현할 수 있는 힘을 갖게 된 것이다. 혹시 주변에서 평소에 하지 않던 감정 표현을 한다면 기쁜 마음으로 받아줘라. 그는 새로운 삶을 펼쳐 나가고 있다.

이처럼 우리는 말이 아닌 감정에 솔직해야 한다. 그래야 우리는 좀 더 건강하게 정신건강을 관리할 수 있다. 그러나 실생활에서 나의 감정을 표현하며 살기는 쉽지 않다. 우리는 감정 표현을 유보하고 지내야 할 때가 더 많다. 직장생활을 하다가 자신이 마음에 들지 않는 프로젝트를 진행해야 한다고 해서 자신의 감정을 있는 그대로, 마구 쏟아낸다면 어떻게 될까? 게다가 입사한 지 1년도 안 된 신입 사원이 마구 표현한다면 어떤 상황이 일어나게 될까? 처음에는 솔직하다며 칭찬받을 수 있을지 모르나 그것이 습관이 된다면 자신의 격을 낮추고, 불화의 원인이라는 이미지를 얻게 될 가능성이 높다.

결국 감정에 솔직하다는 것은 자신의 감정을 제대로 아는 것이다. 내가 어떤 상황에 대해서 어떻게 느끼는지 제대로 인식하는 것이다. 우리는 하루를 살아가며 수만 가지의 감정을 느낀다고 한다. 현실적으로 그 감정들을 모두 다 느끼며 사는 것은 불가능하다. 내게 주어진 일들은 하지 않고 매 순간 느껴지는 감정만 느끼겠다고 방석을 깔고 가부좌를 틀고 앉아만 있다면? 지인들 모두 의아해하거나, 아니면 걱정을 할 수도 있다. 그래서 하루 중 중요했던 일만이라도 내 감정에 깨어 있는 것이 필요하다.

처음에는 감정을 아는 습관이 안 되어 있다. 그래서 자신이 느끼는 감정들을 느끼려고 해도 어려울 것이다. 조급해하지 말자. 순간순간 느껴지는 감정들을 놓친다고 해서 당장 문제가 되지는 않는다. 다만, 감정에 소홀한 것이 습관이 되면 이후에 문제가 된다. 시간을 두고 연습해가자.

우리는 자기 PR의 시대에 살고 있다. 자신을 적극적으로 표현하는 것이 매력이라고 인정받는 시대에 살고 있다. 더 나은 삶과 행복을 위해서, 더 멋진 내가 되기 위해서 무엇을 표현할 것인가? 이제부터는 자신의 매력을 업그레이드시키자. 그 시작은 바로 내 감정에 솔직한 것이다.

07 반드시 나만의 시간을 가져라

진정으로 자유로운 사람은 저녁 식사 초대를 어떤 변명 없이 거절할 수 있는 사람이다.
– 쥘 르나르

혼자 있는 것은 죽는 것보다 더 두렵다

주변을 보면 꼭 한 명쯤은 연인 관계가 끊이지 않는 사람이 있다. 언제나 그 혹은 그녀의 옆에는 이성이 있다.

내가 예전에 알고 있던 친구가 그랬다. 결혼하기 전까지 그 친구의 옆에는 항상 이성이 있었다. 길을 가다가 우연히 마주쳐도 항상 옆에 이성이 있었다. 늘 누군가와 함께 하는 것 같았다. 그런데, 한번은 지나가며 서로의 근황을 묻다가 나에게 우울한 기분을 털어놓았다. 그 이유로는 얼마 전 이성과 헤어졌다는 것이다. 그래서 우울해하고 있는 모습을 위로해주고 헤어졌다. 그런데, 얼마나 지났을까? 나는 그 친구와 다시 만나게 되었다. 그 사이의 근황을 주고받으며, 내 귀를 의심하게 되었다. 최근에 새로운 이성을 만나게 되었고, 현재 사귀고 있다는 것이었다. 사실, 이전 이성과 헤어진 지 얼마 되지 않아 다시 새로운 이성을 만나는 거라 나는 좀 당황했다. 내가 생각하기에는 그 기간이 매우 짧게 느껴졌기 때문이다. 그리고 그 친구를 위해서 마음 다해 위로해주었던 것이 머쓱하기도 했다. 어쨌든 그 친구가 새로운 인연을 만나서 행복해하고 있으니 나는 그걸로 만족했다.

그러나 진짜 문제는 그때부터 시작이었다. 친구는 다시 또 이성과 어떤 문제로 인해서 헤어지게 되었다. 그리고 또 얼마 지나지 않아 새로운 사람을 만나게 되었다. 그 과정이 몇 차례 반복되는 것을 보면서 이해하기 어려웠다.

지금 돌아보면 그 친구는 혼자 있는 것을 불안해하고, 두려워했던 것 같다. 다른 사람에게 정서적으로 의존하는 경향이 컸다. 그래서 늘 자신의 주위에 이성이 있어야 마음이 편안해지는 성격이었다. 하지만 그렇게 불안함을 채우기 위해서 누군가를 만나는 것은 오히려 더 나쁜 결과를 낳는다. 불안을 잠재우기 위해서 누군가를 만났기에 그 사람에게 기대하게 된다. 즉, 자신의 불안감을 잠재울 만한 모습을 상대에게 기대하는 것이다. 그렇게 조금씩 자신의 기대가 커지다가, 혹여나 그 기대가 무산되고, 욕구가 충족되지 않을 때는 분노를 느낀다. 그 분노는 그 관계를 세

차게 흔든다.

사실, 어떤 누군가를 사귀게 되어서 그 불안감이 잦아들면 문제가 사라지는 것은 사실이다. 하지만 그 문제가 잦아드는 것은 일시적인 현상에 불과하다. 즉, 그 불안감이 다시 일어나게 되면 그 관계도 함께 불안정해진다. 그래서 서로가 버티지 못하면 결국 헤어지게 되는 것이다.

이런 사람일수록 나는 자기만의 시간이 꼭 필요하다고 권장한다. 자기만의 시간을 갖고 그 안에서 내가 스스로 행복할 수 있어야 한다. 내가 무엇을 할 때 가장 행복한지, 나의 가장 큰 장점은 무엇인지, 내가 가치 있다고 생각되는 부분은 무엇인지 등에 대해서 꿰고 있어야 한다. 그래서 자신을 사랑할 수 있는 상태가 되는 것이 좋다. 그러나 자신을 사랑하지 못하는 상태에서 만나게 되면 문제가 된다. 다른 사람을 통해서 나의 가치를 찾으려고 하기 때문이다. 다른 사람에게 나의 부족한 부분을 채워주길 기대하고, 인정받으려 하는 모습들이다. 그래서 상대가 자신의 부족한 부분을 채우지 못하면 그 관계는 더 지속할 수 없게 된다. 그러니 자신을 사랑하고, 행복할 수 있어야 다른 사람도 사랑할 수 있는 것이다. 또한 그 관계도 더 단단하고, 안정적으로 이어갈 수 있는 것이다. 이런 이유로 우리는 나만의 시간이 꼭 필요하다. 나만의 시간을 통해서 우리는 비로소 성장할 수 있기 때문이다.

그렇다면, 무조건 혼자만의 시간을 확보만 한다면 해결될 수 있을까? 나를 좀 더 사랑할 수 있을까? 다른 사람을 좀 더 사랑할 수 있을까? 결론부터 말하자면, 그렇지 않다. 그저 자신만의 시간을 갖는다고 해결이 될 일이었다면, 벌써 해결되었을 것이다. 그렇게 많은 커플이 온라인으로 상담 요청을 하지 않았을 것이다. 그리고 내가 이렇게 글을 쓰지도 않았을 것이다. 혼자만의 시간을 갖기는 하지만 진정으로 혼자 있을 힘이 없기 때문에 상담소에 찾아오는 것이다.

이런 문제들은 연인 관계에서 특히 잘 나타난다. 남자 친구와 연애를 이어온 지 3개월 정도 된 A라는 여성이 있다. 이 관계에서 여성은 남자 친구에게 많은 것들을 해준다. 물질적으로도, 정신적으로도 늘 희생을 자처하는 편이다. 남자 친구가 돈이 필요할 때 금액에 신경 쓰지 않고 빌려주는 모습은 이 커플에게는 흔한 모습이다. 이런 헌신적인 모습에 남자 친구는 연신 감동했다. 사실, 남자 친구가 여자 친구에게 고마워하는 이유가 따로 있었다. 남자 친구는 현재 무직 상태였기 때문이다. 즉, 여자 친구의 경제적 상황이 더 좋은 것이었다. 그래서 데이트 비용 또한 거의 여자 친구가 부담하며 연애를 유지해왔다. 이렇게 연애 초기에 남자 친구는 여자 친구를 보며 정말 좋은 여자를 만났다고 생각하게 되었고,

결혼까지도 마음먹게 되었다.

그러나 어느 때부턴가 남자 친구의 모습은 변해가고 있었다. 예전과 다른 모습들이 점점 나타나기 시작한 것이다. 연락도 줄어들고, 애정 표현도 줄어들고…. 남자 친구는 A와의 관계에서 지루함을 느끼기 시작한 것이다. 그래서 A는 점점 불안해졌다. 자신과 헤어지지 않을까 두려움과 불안을 느끼기 시작한 것이다. A에게는 남자 친구의 관심을 끌 만한 특별 조치가 필요했다. 그래서 처음에는 자신이 얼마나 헌신적으로 사랑해 왔는지를 강조했다. 하지만 그것도 일시적인 효과일 뿐 변하는 남자 친구의 마음을 붙잡기 힘들었다. 그래서 아프다고 거짓말도 서슴지 않으며, 정신적으로 큰 스트레스를 받고 있음을 호소했다. 그런데, 이것도 여의치 않자 남자 친구를 화나게 했다. 화나게 만들어서 부정적인 관심이라도 얻고자 애썼다. 그렇게 결국 부정적인 관계 방식이 반복되자 남자 친구는 그 상황을 버티지 못하고, A를 매정하게 떠나버렸다.

모든 에피소드가 그렇듯, 여기서도 관점이 중요하다. 어떤 관점에서 보느냐에 따라서 A는 변심한 남자 친구에게 버림받은 슬픈 드라마의 주인공이 될 수도 있고, 남자 친구가 변하게 한 장본인이 될 수도 있다. 여기에서는 후자이다. 물론 누구의 잘잘못을 가리려고 하는 것이 아니기 때문에 누구의 잘못이 더 큰지 확인하는 것은 의미가 없다. 중요한 것은 A가 남자 친구 없이 혼자서 시간을 보내지 못하는 마음의 병을 안고 있다는 것이다. 늘 누군가와 함께 있어야 자신이 안정된다고 느끼는 것이다. 이런 관계 방식을 평생 반복하게 되니 스트레스와 우울증이 그녀를 떠날 리가 없다.

우리가 혼자서 있는 시간을 잘 보내려면, '인간은 본래 고독한 존재'라는 것을 인정해야 한다. 태어날 때부터 인간은 홀로 태어난다. 그래서 고독, 혼자라는 말은 우리에게 매우 친숙한 단어여야 한다. 하지만 사회적 현실은 그렇지 않다. 혼자이기를 자처하거나 홀로 있다면 나 이외의 사람들은 뭔가 이상한 눈으로 보는 것이 현실이다. 그럼에도 불구하고 우리는 혼자 있는 시간을 배워야 한다. 그래야 진짜 어른이 되고 성숙할 수 있다.

성숙하기 위해서 혼자라는 것을 인정하는 것도, 고독감을 느끼기도 쉽지는 않을 것이다. 분명 익숙지 않은 감정이기 때문이다. 하지만 계속해서 다른 사람을 통해서 자신의 존재를 확인하는 것이 인간적 성숙을 가져오지 못하리라는 것도 분명하다. 다른 사람을 통한 나의 존재를 확인하는 것은 진짜 내가 아닌 다른 사람이 정의하는 나밖에 될 수 없다. 그만큼 갇히게 되는 것이다.

그러니 조금씩 나 혼자만의 시간을 갖도록 해보자. 더디지만, 내 인생의 성장과 성숙은 분명히 오게 될 것이다. 혼자 있으면, 내가 무엇을 좋아하는지, 무엇을 싫어하는지, 내가 왜 이렇게 사람들에게 의존하는지 등에 대해서 생각해보자. 그리고 나 자신을 있는 그대로 사랑해주자. 이렇게 혼자 있어도 충분히 삶에서 의미를 찾게 되는 경험을 하게 되면 성숙할 준비가 되었다는 뜻이다.

이제는 '혼자만의 시간을 갖고, 즐기겠다.'라는 인생의 기준을 세우자. 그리고 내 것으로 만들자. 그때부터 우리는 비로소 진정한 성숙을 맞이하게 될 것이다. 누구에게나 혹독하게 추운 겨울이 온다. 그 겨울을 버티면 봄이 오는 것처럼, 이 시간을 지혜롭게 이겨내면 분명 우리에게 봄은 선물처럼 다가올 것이다.

08 자신의 부족한 부분은 쿨하게 인정하라

자신의 단점을 숨겨두지 말고 햇볕을 쏘이게 하라.
그래야 그 단점이 광합성을 하여 꽃을 피울 수 있다.
- 김제동

완벽한 사람은 없다

사람들에게는 장점과 단점이 있다. 이것은 이 세상 누구에게나 해당한다. 하지만 요즘 시대는 특정한 장점만 부각한다. 그 장점을 갖춰야 나도 그 집단이나 이 사회에서 소속될 수 있다는 인식을 심어주고 있다. 예를 들어, 학교 다닐 때는 똑똑하고 공부 잘하는 장점만 주목받는다. 그것만이 인정받고, 칭찬받을 수 있으며 사랑받을 수 있는 조건이 된다. 이런 것들이 부당하다고 모두 느끼고 있다. 그렇지만 딱히 얘기하지는 않는다. 그냥 뒤에서 불평만 할 뿐. 그러다가 어느새 졸업하게 된다.

학창 시절에만 그럴 줄 알았는데, 사회에 나오니 더욱더 심하다. 천편

일률적으로 하나의 특정한 인재상을 제시해준다.

'착하고, 성실하며, 공부를 잘해야 한다.'

물론 이런 사람들이 안정적인 성공을 할 수 있다는 것은 맞다. 하지만 이런 모습들을 갖추는 것이 정답인 삶이라고도 할 수 없다. 문제는 이러한 인재상을 따르지 않으면 뭔가 잘못된 느낌이 든다는 것이다. 사회가 주입한 인재상에 갇히게 되어서 느끼게 되는 것이다. 즉, 편협한 인재상을 나도 모르게 주입 당한 것이다.

미의 문제에 있어서도 마찬가지다. 모두 미에 대한 일반적인 관념이 있다. 하지만 더 이상 이런 사회적 흐름은 안 된다고 말하는 사람들이 있다. 상징적으로 자신의 모습을 보여주며 미(美)를 완전히 다르게 정의한 사람이 있다. 그녀의 이름은 바로 캐나다 출신의 모델 위니 할로우다. 그녀는 백반증이라는 희귀병을 갖고 태어났다. 4살 때부터 나타나기 시작했는데, 이 병은 흰색으로 된 반점들이 피부의 곳곳에 반점의 형태로 나타나는 질환이다. 흰색 반점들의 크기와 모양들이 예측할 수 없고, 매우 다양하게 나타나기 때문에 멀리서 봐도 일반적이지 않음을 알 수 있다. 그래서 그녀는 어릴 때 젖소라는 별명을 갖고 살았다. 검은 피부 바탕에 흰색 반점들이 전신에 퍼져 있었기 때문이다. 또한 왕따까지 당하는 수

모를 겪기도 하였다. 그래서 결석이 잦았고, 등교를 거부하는 상황까지 초래되었다. 결국 그녀는 중퇴라는 선택을 하게 되었다.

학교를 그만둔 후에 그녀는 바로 사회에 뛰어들었고, 그녀의 첫 직업으로 콜센터에 취직하게 되었다. 그러다가 우연히 그녀의 페이스북을 본 기자는 '당신은 아름답다.'라는 표현을 하였다. 그 메시지가 인연이 되어 그녀는 뮤직비디오를 촬영하게 되고, 지금의 활발한 모델 활동까지 이어지게 되었다.

그녀는 현재 우리 사회에서 존재하는 미의 기준을 확실하게 무너뜨렸다. 그리고 새롭게 확장했다. 더 피부가 희거나, 아니면 매력적인 구릿빛을 가지는 것만이 최고의 아름다움은 아니라고 말해주고 있다. 그녀가 세계적인 톱 모델이 된 것은 미의 기준이 확장되었음을 반증해주는 것이다. 그녀는 자신의 단점을 가리거나, 숨기지 않았다. 물론 과거에 자신의 매력과 가치를 모를 때는 피부색을 바꾸려고 탈색까지 시도했다. 하지만 그러한 시도를 할수록 남는 것은 고통뿐이었다. 그 과정들은 자신을 얼마나 사랑하는 것이 중요한지를 알게 해주는 밑거름이 되었다.

나의 단점을 인정하는 것은

단점을 장점으로 변화시킬 준비가 되었다는 뜻이다

자신에게 단점이 있다면 숨기지 말자. 그리고 그 부분을 인정하자. 내가 그 단점을 바꾸려 할수록 나의 자존감이 오히려 올라가기는커녕 내려갈 것이다. 왜냐면 그 과정들은 나라는 보석을 깎아내는 과정과 다를 바 없기 때문이다. 깎아낼수록 나는 사라지고, 다른 사람이 되는 것이다. 그렇다고 완전히 내가 바라는 다른 사람이 되는 것도 아니다. 여전히 나는 나일 뿐이다. 기억하자. 나는 누구도 흉내 낼 수 없는 소중한 나이다.

아직도 내게 단점이 있어서 고민인가? 사실, 그 단점은 단점이 아닐 수도 있다. 내가 계속해서 단점이라고 생각하고, 거부하고 치부할수록 그것은 나의 더욱더 확실한 단점이 되고, 각인이 된다. 반대로 내가 단점이라고 생각하지 않고 다른 것에 집중한다면 그것은 더이상 단점이 아닌 것으로 될 수도 있다. 결국, 심리학적으로 내가 주의를 어디에 두느냐에 따라서 내가 경험하는 것들이 달라질 수 있다는 것이다.

심리학에서 유명한 고릴라 실험이 있다. 미국의 심리학자 대니얼 사이먼스와 크리스토퍼 차브리스가 진행한 연구인데, 유명해서 개론서 및 대중서에 활용되고 있다. 여기에 참여하는 참여자는 동영상을 보게 된다. 그 동영상에는 검은 옷과 흰옷을 입은 사람들이 농구공을 주고받는 장면을 보게 된다. 그리고 참여자는 흰옷을 입은 사람이 몇 번 패스를 주고받는지 확인하라는 요청을 받게 된다.

그런데 흥미로운 부분은 여기부터다. 동영상 속에서 인물들이 서로 농구공을 주고받는 장면이 연출되는 가운데, 그들 사이로 고릴라 분장을 한 인물이 지나가게 된다. 그 고릴라는 동영상 속에서 구석에 숨어서 보이는 것도 아니고, 화면 한가운데를 지나간다. 그러니까, 패스를 주고받는 사람들 사이를 여유롭게 지나가는 것이다. 상식적으로 생각했을 때 그들 사이를 지나가면 충분히 고릴라를 목격할 수 있을 것으로 보인다. 하지만 동영상 재생이 끝난 후 물어보면 고릴라의 존재를 절반 이상 몰랐다. 반면에 패스를 주고받은 횟수를 거의 다 맞췄다.

이 실험을 통해서 알 수 있는 것은 무엇일까? 내가 어떤 부분에 집중하느냐에 따라서 그것은 장점이 될 수도 있고, 아무것도 아닌 것이 될 수도 있다는 것이다. 현재 내가 가진 단점이 너무 많다고 생각되는가? 그래서 힘든 삶을 살고 있는가? 그렇다면 그 시선을 다른 곳으로 돌리는 것이 필요하다. 너무 나의 단점에 몰입하고 있는 것이다. 나에게 떠오르는 단점들을 하나하나 따지고, 걱정하느라 장점인 고릴라를 보지 못하는 것이다.

단점을 극복하는 확실한 한 가지 방법이 있다. 그것은 그냥 인정해버리는 것이다! '그래 나 이런 사람이야!'라고 생각하며 당당하게 드러내놓는 것이다. 그러면 훨씬 더 내 마음이 편해질 것이다. 그리고 그렇게 인정하는 순간 나는 더욱더 창조적인 에너지를 발산하며 살 수 있을 것이다.

심리적으로 에너지는 한정되어 있다. 즉, 무한하게 만들어 낼 수 있는 것은 아니다. 물론 관점의 차이에 따라서 무한하게 만들어 낼 수도 있지만, 일반적으로 그러한 수준에 도달하기에는 쉽지 않다. 어쨌든 한정된 심리적 에너지를 자신의 단점을 감추고, 숨기는 것에만 사용한다면 너무나 손실인 것이다.

나는 몸에 털이 많은 편이었다. 그래서 어릴 때부터 짧은 반바지를 입는 것이 진짜 두려웠다. 사람들이 내 다리를 보면 놀릴 것 같았기 때문이다. 사실, 처음부터 그랬었던 것은 아니었다. 어릴 적엔 그냥 편하게 반바지도 입고 다녔다. 하지만 내가 중학교 때쯤 친구들과 지내다가 어느 때부턴가 내 몸에 있는 털이 다른 친구들보다 많다는 것을 알게 되었고, 창피함을 느끼게 되었다. 그래서 내 몸을 숨기고, 가리기 시작했다. 이렇게 숨기는 모습은 겨울에는 나타나지 않았다. 날씨가 추웠기 때문에 당연히 많이 껴입어야 했기 때문이다. 하지만 문제는 여름이었다. 여름엔 가볍게 입어야 하므로 늘 문제였다. 친구를 만나러 나가자니 그 무더운 여름날에 긴바지를 입는 것이 힘들었다. 몇 번은 친구들이 더운 여름에 긴바지를 왜 입냐며 타박을 했는데, 나는 그 말로 인해 더욱더 덥게 느껴졌다. 직접 털에 대해 얘길 하진 않았지만, 꼭 내가 털이 많아서 저렇게 긴바지를 입는 것이라고 지적하는 것 같았기 때문이다. 딱 우리나라 속담으로 '자라 보고 놀란 가슴 솥뚜껑 보고 놀란다.'라는 말이 어울리는 격이었다.

이런 모습들을 볼 때 '감추는 것만이 정말 답이 될 수 있을까?'라는 질문이 생긴다. 그래서 과감하게 인정하고 드러내는 것이 좋다는 말을 하고 싶다.

캐나다 출신의 모델 위니 할로우를 다시 떠올려보자. 그녀는 자신의 모습을 과감하게 드러냈다. 자신의 모습을 있는 그대로 인정해버린 것이다. 그랬더니 어떤 일들이 벌어지게 되었는가? 그녀는 더욱더 창조적인 에너지를 발휘하게 되었다. 그동안 자신의 모습을 감추는 것에 사용했던 심리적 에너지가 창조적으로 사용된 것이다. 감추는 것에 사용했던 에너지들은 모델 활동을 할 때 자신감이 되었고, 그녀만의 독특한 에너지가 되었다. 그 에너지는 누구도 흉내 낼 수 없었기에 독보적인 모델이 되었다. 그리고 결국 톱 모델이라는 칭호까지 얻게 되었다. 아마도 사람들이 열광하는 이유는 그녀의 독보적인 에너지에 감탄하기 때문일 것이다.

백반증을 앓고 있는 피부가 일반적인 모습은 아니기에 인상을 찌푸리게 만들 수도 있다. 하지만 그러한 사람들까지 신경 쓰기에는 우리의 삶이 너무나도 짧다. 무엇보다 우리의 삶은 소중하며, 고귀하다. 그러니 훌훌 털어버리고, 매력적인 내가 되어보자. 나의 단점이 단점이 아닌 때가 왔다. 내가 어떤 곳에 집중하느냐에 달려 있다.

내 인생을 위해 가지면 좋은 기준 : "자신의 1%를 나누어라."

자신의 1% 퍼센트를 나누어라. 사실, 나눔은 자신의 것을 떼어서 주는 것이다. 그래서 자신의 것이 더 줄어든다고 생각할 수 있다. 그러나 역설적으로 그 나눔은 오히려 더 크게 돌아온다. 특히 정말 돈이 필요한 사람에게 전달이 될 경우 그 돈은 절대적으로 갖게 되는 가치 이상을 하게 된다.

가까운 지인의 이야기이다. 그는 평소에 돈에 대해 늘 인색한 태도를 갖고 있었다. 자신에게 쓰는 것은 물론이고, 다른 사람에게 쓰는 것도 인색했다. 그래서 그에게 있어서 돈과 관련한 거래는 금기시될 정도였다. 그런 그에게 고민이 있었다. 학업에 대한 욕구가 있었다. 하지만 주머니 사정이 여의치 않았다. 무엇보다 돈을 쓰는 것에 두려움과 불안을 느꼈기에 학업을 더 이어가고 싶지만, 실천을 하지 못했다. 그래서 늘 마음속에서는 갈등을 일으켰다.

이런 그의 사정을 잘 알고 있던 목사님 한 분이 계셨다. 그는 그의 주머니 사정뿐만 아니라 그의 궁핍한 마음까지도 알고 계셨던 것이다. 그가 돈을 쓰지 못하는 심리적 어려움까지 잘 알고 계셨던 것이다. 그래서 목사님은 그를 자신의 교회로 초대하고, 장학금을 전달해주었다. 지인은 목사님에게 정말 큰 감사함을 느꼈다. 자신의 궁핍한 마음을 알아준 것과 더불어 장학금까지 준 것에 감동을 한 것이다.

지인은 나와 대화를 하면서 담담하게 자신의 꿈을 밝혔다. 그것은 장학재단 설립이었다. 목사님에게 장학금을 대갚음하는 것은 물론이고, 더 많은 사람들에게 재산을 환원하며 살고 싶다는 것이었다. 나는 그 얘기를 듣고 감동했다. 그는 지금 당장 장학재단을 설립할 정도로 재산 규모가 큰 사람도 아니고, 유명한 사람도 아니다. 하지만 나는 확신했다. 그의 꿈만큼은 거대한 사회를 이끌 리더의 모습이라는 것을. 그가 내게 꿈을 밝힌 순간은 그 어느 때보다 진중한 순간이었다.

나는 깨달았다. 나눔은 확실하게 더 큰 무엇인가를 만들어낸다는 것이다. 다만, 그것이 내가 전달한 것이 아닌 다른 것으로 더 크게 돌아올 수도 있다. 그러니 나눔에 아까워 말자. 나눔은 언제나 그 이상을 만들어낸다.

5장

나 자신에게 가장 좋은 사람이 되라

01 나의 가장 좋은 친구는 바로 나다

친구는 제2의 자산이다.
– 아리스토텔레스

나 자신에게 친구를 만들어주자

세상에는 수많은 사람이 있다. 그 사람들은 두 부류로 나뉜다. 자신에게 좋은 사람과 그렇지 않은 사람으로 나뉜다. 문제는 전자보다는 후자가 많다는 것이다. 그래서 현대 사회에서는 자신에 대한 사랑을 강조하는 책들이 독자들에게 많은 사랑을 받고 있다. 그 증거 중에 하나로 작가 김수현은 2016년 11월에 『나는 나로 살기로 했다』를 출간하여 100주 연속 베스트셀러가 되는 기록을 세웠다. 요즘 출판업계는 때아닌 불경기를 겪고 있지만 김수현 작가의 책만큼은 현재 불경기를 피해가는 것 같다. 그만큼 독자들은 자기 사랑에 대한 관심이 많다는 뜻일 것이다.

이렇게 자기 사랑에 대한 관심이 높지만, 실제로 자신을 사랑하는 실천으로 옮기기는 쉽지 않다. 왜냐면 자기를 사랑하기 위해서는 가장 먼저 자신에게 좋은 사람이 되어야 하기 때문이다. 그렇다면 자신에게 좋은 사람이 되기 위해서는 가장 먼저 무엇을 해야 할까?

첫째, 결심하는 것이다. 그냥 결심하는 것이 아니다. '제대로' 결심을 해야 한다. 그리고 '지금 이 순간 이후부터는 그 누구보다 나는 나에게 가장 좋은 친구가 되겠노라!'라고 단호히 외치면서 결심을 해야 한다. 사실, 무엇을 하든 결심은 늘 해왔던 과정이다. 그래서 사소하고, 별것 아닌 것 같이 느껴질 수도 있다. 하지만 이는 생각보다 중요하다. 왜냐면 수십 년 동안 길든 습관을 벗어나야 하기 때문이다. 지금까지 나 자신에게 한 번도 좋은 친구가 되어보려고 노력한 적이 없고, 그 노력으로 인해서 의미 있는 경험을 한 적이 없다. 그래서 단순한 동기로는 작심삼일에 그치게 될 확률이 높아진다. 그래서 이전의 나를 뛰어넘어 새로운 나로 살아가기 위해서 보통의 노력이 아닌 각고의 노력이 필요한 것이다.

사람이 어떤 변화를 하려고 한다면 내면에서는 지진이 일어나게 된다. 사실, 내면은 원래의 상태를 더 좋아하고, 편하게 느낀다. 그래서 어떤 변화가 발생한다면 그 과정에서 많은 에너지가 소모된다. 그래서 이전에 존재하지 않았던 내가 되는 것이기 때문에 매 순간마다 불안과 두려움, 걱정들이 평소보다 더 많이 느껴진다. 마치 우리가 한 번도 가보지 않았던 길을 가는 과정에서 느낄 수 있는 감정들과 마주하는 것과 같다. 그래서 우리가 제대로 결심을 하지 않는다면, 나는 다시 후퇴할 수 있다. 내면의 목소리는 '거봐 넌 안돼.', '굳이 그렇게까지 해야 할 필요가 있어?' 라며, 계속해서 나의 포기를 종용한다. 이때 내면의 속임수에 속지 않기 위해서는 무엇보다 결심을 단단히 하고 여행을 떠나는 것이 필요하다.

둘째, 부모가 된 것처럼 나를 돌봐야 한다. 어머니의 뱃속에서 태아로 존재하다가 태어났을 때 부모님이 나를 보며 느꼈던 감동, 신비, 희열, 감사 등을 떠올려보자. 그러면 나 자신을 어떻게 바라보고 대하면 좋을지를 알 수 있다.

부모와 아이의 관계를 생각해보면 이해가 쉬울 것이다. 아이는 언어를 습득하기 전까지 자신의 욕구를 표현할 때 울음으로 대체한다. 그 과정에서 부모는 아이의 마음을 읽고자 큰 노력을 아끼지 않는다.

양육하다가 아이가 우는 상황이 발생했을 때를 떠올려보자. 그러면 부모들은 재빨리 아이의 마음을 읽으려고 온갖 촉각을 세우고, 자신의 레이더를 활용한다. 계속해서 관심을 기울인다. '배가 고픈가?', '어디가 아픈가?', '어디 부딪혀서 아파하는 건가?', '배변을 했나?' 등의 생각을 해낸다. 이렇게 부모의 추측에 따라서 아이가 가장 원할 것 같은 것을 해준다. 아이의 마음을 읽어서 그것을 바로 충족시켜주는 것도 중요하지만 더 중요한 것이 있다. 그것은 그 아이에게 모든 관심을 집중해주고, 하늘의 별이라도 따다 줄 수 있을 것 같은 사랑의 에너지이다. 그러한 과정에서 아이는 부모와 세상에 대한 신뢰를 형성하게 된다. 이는 건강한 성격으로 이어지고, 성인이 되어서 자신과 다른 사람에 대한 신뢰로 이어진다. 그래서 만족스러운 삶을 살아나갈 수 있는 밑바탕을 갖게 된다. 자존감이 형성되는 것도 이 과정에서 거의 다 이루어진다.

자신에게도 마찬가지이다. 아이를 돌보듯, 부모의 마음으로 대해야 한다. 내가 뭔지 모를 스트레스를 계속해서 받고 있거나, 화가 났거나, 슬픈 일이 있다면, 그냥 넘기는 것이 아니다. 내가 왜 더욱더 그런 감정을 느꼈는지 스스로 물어봐 주고, 알고 넘어가는 과정이 필요하다. 자기심리학에서 자주 언급되는 내용으로 '자신을 돌아보라.'라는 말이 자주 언급된다. 이 부분이 중요한 이유가 바로 이런 이유 때문이다. 세상에서 가장 고귀한 나이다. 그런데 그런 나 자신이 기분이 좋지 않다며 움츠러들어 있다. 그렇다면 당신은 어떻게 할 것인가? 나 자신을 소중하게 여기는 만큼 그냥 넘어가기 힘들 것이다. 진짜 내가 왜 힘든지, 무엇에 스트레스를 받고 있는지를 알게 되어서 스트레스가 풀리기도 하겠지만, 더 중요한 것은 그저 따뜻한 관심으로 이미 나는 마음이 녹고 있을 것이다. 그런 태도로 나 자신을 대한다면 나 자신에게는 최고의 친구가 될 것이다.

한편, 자신을 돌아보면서 자신의 마음을 헤아려주는 것으로 해결이 될 수 있다면, 그것은 가장 좋은 방법이라고 생각된다. 하지만 모든 문제가 이 방법으로 해결되지는 않는다. 나 자신을 아무리 들여다 보아도 도통 내가 왜 이러는지 알 수 없을 때가 있다. 이런 심리적 상황은 내가 정말로 모를 수도 있고, 마음의 장난으로 모른다고 착각하여 넘어갈 수도 있다. 내가 그 마음을 직면하기에는 두렵고, 불안하기 때문이다. 그래서 이럴 때 필요한 것이 상담이다. 누군가의 도움이 필요한 것이다.

상담은 어릴 적 내가 보살핌을 받지 못했던 내 마음을 안전하게 드러내 준다. 그리고 그 과정에서 가장 깊은 공감을 받을 수 있는 자리이다. 내가 경험하고 있는 문제들이 복잡하고, 힘들면 자신을 돌아보기 어려울 수 있다. 그래서 나 대신 상담자가 나도 모르는 그 마음을 알아주는 것이다. 그리고 그 안에서 정서적 공감을 얻으며 성장의 길로 나아가게 되는 것이다. 때때로 나도 나를 잘 모르겠다거나 왜 이러는지 궁금한 사람들은 주저 말고 상담받아보길 권유한다. 상담은 자신을 더 빨리 이해할 수 있도록 돕는 지름길이기 때문이다. 그리고 그 길은 행복의 길이기도 하다.

셋째, 뭔가 되지 않아도 괜찮다고 생각하는 것이다. 이 말은 나는 있는 그대로 괜찮다고 생각하는 태도이기도 하다. 우리는 사회적인 영향이든 개인적인 기대에 의해서든 매 순간 자신이 무엇인가 되어야 한다고 압박을 받는다. '이번 프로젝트에서 큰 매출을 올려야 해.', '중간고사에서 최소 수학 90점은 넘어야 해.', '자녀들에게 좋은 엄마가 되어야 해.' 등. 자신의 내면에는 수많은 기대가 있다. 이렇게 기대가 있는 것은 좋다. 자신이 긍정적인 삶을 살 수 있도록 제시해주는 방향, 기대가 있다는 것은 굉장한 안정감을 주고 그 자체로 뿌듯함을 느끼도록 해준다.

하지만 그것에 집착하게 될 때 우리의 삶은 힘들어진다. 세상의 모든 스트레스는 내가 다 껴안은 듯 힘듦을 겪게 된다. 자신의 기대를 충족시키고자 모든 노력을 쏟아붓는다. 그리고 그 기대와 소망들이 모두 다 이루어질 수 있다면 이 세상에서 슬픔과 고통은 존재하지 않을 것이라는 착각을 한다. 그러면서 우리는 나 자신의 좋은 친구가 되는 기회를 놓치게 된다. 기대를 충족시켜야 좋은 친구가 되고, 그렇지 않으면 좋은 친구가 안 된다고 생각하는 것이다. 더 엄밀하게 말하자면, '그 기대를 충족시키지 못한다면, 나는 나에게 좋은 친구가 되고 싶지 않아.'라고 생각할 수도 있다. 그래서 기대에 집착할수록 나의 좋은 친구는 되기 힘들어진다.

그러니 자신의 기대만을 충족시키는 삶을 살다 보면 자신 그 자체가 얼마나 고귀한 사람이고, 영혼인지 깨닫고 느끼지 못하게 된다. 다시 부모님께서 내가 태어났을 때 느꼈었던 감동과 희열, 신비를 떠올려보라. 그때 당시에 나는 그 무엇도 하지 않았다. 그저 존재만 했을 뿐이다. 하지만 부모님께서는 그러한 감정들을 느꼈다. 부모님에게 일생에 한 번밖에 느껴볼 수 없는 그런 감정을 선사해주는 사람. 그 사람이 바로 '나'이다. 그렇게 나는 특별하고, 소중하며, 고귀한 존재이다. 그 무엇을 하지 않아도!

내 편이 있다는 것은 그 무엇과도 바꿀 수 없는 재산을 가진 것과 같다

지금까지 좋은 친구가 되는 방법 세 가지를 소개했다. 첫 번째는 결심하라. 두 번째는 부모처럼 나를 돌봐라. 세 번째는 무엇인가 되지 않아도 괜찮다고 생각하라. 이는 나 자신에게 친구가 되는 기준이다. 이 세 가지 기준들이 모이면 나는 어느새 최고의 친구가 되어 있을 것이다. 나에게 좋은 친구가 되는 순간, 내 주변의 친구들도 나를 좋은 친구로 바라보고 있을 것이다. 그 이후의 순간부터는 새로운 인생을 살아가게 될 것이다. 이전과는 다른 길을 걸을 것이다. 나는 그 길이 분명 꽃길은 아닐지라도 행복한 길임에는 분명하다고 확신한다.

오늘부터 나 자신에게 가장 좋은 친구가 되어보자.

02 조건 없이 나를 존중하고, 사랑하라

자신을 사랑하는 법을 아는 것이 가장 위대한 사랑이다.
– 마이클 매서

우리는 이미 행복하다

‘행복은 이미 내 안에 있다.’, ‘행복은 내 곁에 있다.’라는 말이 있다. 이 말이 의미하는 바는 무엇일까? 행복은 먼 곳에 있는 것이 아니라는 뜻이다. 즉, 행복을 찾기 위해서는 내 안에서 찾으면 된다는 것이다. 행복은 가장 가까운 곳에 있다. 행복이 있는 곳은 바로 나 자신이다.

그런데 우리는 행복을 경험하는 것이 은연중에 어렵다고 생각하는 경향이 있는 것 같다. 그렇게 생각하는 이유는 많은 사람이 어떤 일이 달성되어야 내가 행복하리라 생각하기 때문이다.

매년 11월 15일쯤엔 수만 명의 고등학생이 수능시험을 치르게 된다. 이맘때쯤이면 강한 한기를 느끼게 된다. 그 한기는 한겨울에만 느낄 수 있는 차가움이 아니다. 또 다른 기운의 한기이다. 아무래도 수능시험에 많은 사람의 인생의 흐름이 달려 있다고 믿기 때문이다. 그래서 많은 학생이 그전까지 초긴장의 상태로 보내기 때문에 뭔가 모르게 느껴지는 것 같다.

학생들은 이 수능시험 한 번을 위해서 지금까지 많은 것들을 버려왔다. 취미, 잠, 건강 등을 버리게 된다. 심지어 집중하기 위해 관계를 잠시 끊기도 한다. 마치 수도승이 속세를 등지고 산으로 올라가는 듯하다. 그 정도로 모든 학생에게 수능시험은 중요하다.

당장 지금의 이 교육 현실의 변화를 바라지 않는다. 절대 간단한 문제가 아니기 때문이다. 다만, 한 번의 시험을 위해서 학생들의 매 순간들이 버려지고 있고, 많은 것들을 놓치며 살고 있다는 것에 한숨을 내쉴 뿐인 것이다. 그러니까 내가 이러한 안타까운 마음을 갖게 되는 이유는 바로 모두 다 '조건부 행복'을 추구하고 있기 때문이다. 조건부 행복은 말 그대로 내가 어떤 조건이 되어야 행복을 느낀다는 것이다. 내가 수능시험에서 원하는 점수를 맞아야 행복함을 느낀다는 것이다. 그렇다면 내가 걸어놓은 조건에 해당하지 않으면? 그것은 행복이 아닌 것이다. 조건이 심하게 걸려 있는 경우는 내가 그것을 달성하기 전까지는 행복을 누릴 자격도 없는 사람으로 취급한다. 자기 스스로를 말이다.

매년 수능시험 전후로 자살 사고가 잇따른다. 이것도 우리가 조건부 행복을 추구하고 있는 결과로 볼 수 있겠다. 내가 생각하는 조건에 맞지 않으면 나는 살 가치를 못 느끼는 것이다. 조건을 충족시키지 못한 내가 끔찍하게 싫은 것이다. 그 어떤 누구보다. 그리고 스스로 인정받지 못한 나는 밖에서도 인정을 받기 어렵다. 존재할 곳이 없어지는 것이다. 그래서 그 현실을 계속해서 받아들이지 못하면 삶을 조기 종영하게 되는 것이다.

심리학의 대표 학자인 칼 로저스는 인간이 성장하게 되는 과정을 자신만의 이론으로 설명했다. 그의 표현에 의하면, 인간은 성장하게 되면서 가치 조건화를 경험한다. 그래서 심리적으로 문제가 생길 때는 가치 조건화가 어떻게 형성되었느냐에 따라서 결정된다. 인간은 삶을 살아가며 많은 경험을 하게 되는 데 이때 외적으로 많은 가치를 부여받게 된다. 그런데 이때 외적으로 부여된 가치가 인간의 본성, 잠재력을 위축시키거나 억압할 때 심리적 문제가 생기게 된다.

예를 들어, 항상 어른들의 말을 잘 듣고, 조용한 태도를 보이는 아이는 칭찬을 받기 쉽다. 하지만 칭찬을 받은 아이의 행동은 우울 증세로 나타난 행동이었다. 그래서 차츰차츰 그 칭찬들은 나중에 자신의 삶을 옥죄어 오게 된다. 즉, 그 칭찬은 이 아이의 내면에 존재하고 있는 밝고 활발한 면을 억누르게 된다. 아니면 본성의 발휘를 방해하게 된다. 그러면 그는 이제 더 혼자서 살아가기 힘든 상태가 되고, 상담실을 찾게 되는 상황들이 초래된다.

나의 경우도 비슷했다. 나는 다른 사람들로부터 늘 인정을 받고 싶었다. 능력에 대한 칭찬, 장점에 대한 인정 등을 받고 싶었다. 사실, 사랑을 받고 싶었다는 표현이 더 정확할 것 같다. 지금 돌아보면 그 당시에 나는 사막에서 오아시스를 찾는 심정이었던 것 같다. 그래서 나는 다른 사람이 나에게 해주는 칭찬과 관심에 따라서 나에 대한 이미지를 만들어갔다. 나는 학창시절 조용하고, 어른들의 말을 잘 듣는다는 이유로 칭찬을 많이 받았다. 그 당시에 칭찬 자체를 받는 것이 좋았다. 내가 그토록 갈급했던 사랑을 주는 것이라고 믿었기 때문이었다. 그 칭찬으로 인해 나는 더욱더 그들이 원하는 모습으로 나를 바꿔나갔다. 그러니까 모든 행동이 나의 즐거움과 흥미로 하는 것이 아니라 인정과 칭찬을 받기 위해서 한 것이었다. 내가 좋아하는 축구를 하더라도 이겨서 칭찬받고 싶은 마음도 컸다.

이렇게 학창 시절을 보내오면서 어쨌든 열심히 노력한 만큼 인정과 칭찬도 받았다. 그래서 좋았다. 하지만 언제부턴가 칭찬을 받으려 하면 할수록 그 자리에 사랑이 채워지는 것이 아니라 공허함이 채워졌다. 그렇다. 나는 내 삶을 잃어가고 있었고, 무엇보다 나 자신을 잃어가고 있었다. 무엇을 하더라도 늘 2% 부족한 느낌이 있었다. 사실, 심리학과 상담을 통해서 알게 되었지만, 나는 충동적이기도 하고, 엉뚱하기도 하며, 욕심도 많은 사람이었다. 이제라도 알게 되어서 다행이다.

내가 조건에 목말라 있는 만큼 조심해야 한다. 무조건 조건을 충족시키는 삶을 추구하다 보면 내가 잃게 되는 것이 너무 많다. 지금 당장 해야 할 것은 내가 얼마나 조건부 행복을 누리고 있는지 돌아봐야 한다.

조건을 멀리할 때 행복을 맞이할 수 있게 된다

심리적으로 문제가 생길 때는 자신에 대한 이미지가 현실과 너무 큰 차이가 있을 때 발생한다. 다시 말해, 현실에서는 자신의 이미지가 받아들여지기 어려운 경우가 많다는 것이다. 그래서 자신이 생각하는 이미지와 현실이 계속해서 불일치된다. 그러면 그 불일치를 제거하기 위해서 일치시키려고 노력하게 된다. 이때 무리하게 현실과 끼워 맞추려고 하다 보면 거짓된 자신을 만들어서 현실과 맞추게 된다. 그것이 습관이 되면 어느샌가 내 안에서는 신뢰를 잃게 되고, 내가 아닌 다른 나로 살아가게 되는 것이다.

심리치료를 하다 보면 적지 않은 사람들이 자신의 감정을 모르고 살아간다. 나 또한 그랬다. 심리학을 전공하고, 상담을 직업으로 선택하지 않았더라면 평생 모르고 지나갔을 것이다. 이런 모습은 감정 노동을 하는 직업군에서 많이 나타난다. 그들은 언제 어디서는 늘 웃으며, 친절해야 한다는 강박을 갖고 있었다. 특히, 얼굴이 보이지 않는 콜센터의 직원들은 웃으며 최선의 서비스를 해야 한다. 사람들은 그들의 친절한 서비스에 가치를 부여하고, 콜센터 직원들은 그 가치 부여로 인해 힘을 얻고 살아간다. 하지만 그들은 직원이기 전에 한 인간이다. 그래서 기분이 나쁠 때고 있고, 친절하지 못할 때도 있다. 그렇지만, 이런 모습들은 그들의 세계에서는 절대 허용되지 않는다.

이렇게 자신의 감정을 제대로 돌봐주지 않고 습관이 되면 '스마일 마스크'라는 증후군을 겪게 된다. 이는 늘 밝은 모습을 유지해야 하므로 자신의 감정(슬픔, 분노, 짜증 등)들을 억제하고, 발산하지 못해서 불안정한 상태를 나타낸다. 콜센터 직무를 절대 가볍게 봐서는 안 되는 이유가 바로 이것이다. 자신의 감정을 억압하는 것이 생활이 되면 자신도 잃기 때문이다. 이렇게 외적으로 가치 조건화되는 것이 무섭다. 이 무서움을 직시해야 한다. 가벼운 일이 아니기 때문이다.

다행히도 가벼운 일은 아니지만, 확실한 변화법은 존재한다. 그것도 지금 당장 할 수 있는 방법이다. 그것은 바로 결심하는 것이다. 내가 조건에 휘둘리지 않겠다는 선언을 하는 것이다. 나는 매일 아침 '소명 실현 감사문'을 낭독한다. 이것은 나의 비전과 되고 싶은 인격을 적어둔 카드다. 여러 내용 중에 '조건으로부터 자유롭다.'라는 말이 있는데, 아침마다 소리 내어 읽는다. 내가 강조하고 싶은 것은 행동은 결심이 따라오면 하게 된다. 더 중요한 것은 바로 그것이 내 삶이 되게 하는 것이다. 나는 '조건으로부터 자유로운 삶'을 살겠다고 선택했고, 그것이 내 삶이 되게 만들고자 한다. 그래서 아침마다 낭독한다.

이 낭독의 효과일까? 언제부턴가 나의 마음이 조금씩 안정되어 가는 것을 느낀다. 이전에는 조건을 충족시키고자 늘 불안정하고, 긴장하고 있었는데, 이제는 내가 정신 차리기만 하면, 바로 행복을 맞이할 수 있게 되었다. 조건을 딱! 떼어버리면 지금 내가 행복하지 않을 이유가 없기 때문이다. 즉, 내가 보고, 느끼고, 만지고, 맛보고, 경험하는 모든 것들이 행복의 이유가 될 수 있는 것이다. 조건만 떼어버리면, 이제는 내가 더 이상 내가 원하는 외모가 되지 않아도 좋다. 왜냐면 지금의 내가 좋기 때문이다. 그리고 지금의 나도 충분히 사랑받을 만한 매력이 충분히 존재하기 때문이다. 나의 스승님이신 대화 스님은 늘 말씀하셨다.

"조건에서 자유로워져라."

그때는 몰랐다. 빠르게 행복해질 수 있는 방법이 있는지 말이다. 알게 되고, 실천해보니 정말 좋다. 왜 그렇게 스님이 강조하셨는지 조금은 알겠다.

다시 한 번 말하지만 우리는 이미 행복하다. 행복할 것들이 너무도 많다. 이전에 우리가 충분히 행복하지 못했던 이유는 조건부 행복을 추구했기 때문이다. 지금 내 존재만으로도 우리는 충분히 행복하다. 조건에서 자유로워지는 만큼 내 행복의 질이 달라진다.

03 매일 아침 나에게 긍정적 생각을 선물하라

생각을 바꾸면 세상이 바뀐다.
– 노만 빈센트 필드

생각 하나로 지금 살고 있는 곳이 천당 혹은 지옥이 될 수 있다

한 주를 시작하는 월요일 아침. 눈을 떴다. 눈을 비비며 시계를 봤다. 시곗바늘은 9시 5분을 가리키고 있는 것 같았다. 깜짝 놀랐다! 출근해야 할 시간에 나는 아직도 집이다. 너무 놀라서 다시 한번 본다. 눈을 비비고 다시 시계를 봤다. 시곗바늘은 정확하게 9시 5분을 넘어서 9시 6분을 가리키고 있었다. 핸드폰을 보니 부재중 전화가 어림잡아 10개는 찍혀 있었다. 그렇다. 나는 지각을 한 것이다. 그날은 출장이 있는 날이었다. 그래서 부랴부랴 담당 선생님에게 죄송하다는 말과 함께 얼른 가겠다고 전달하였다. 그리고 정말 빨리 씻었다.

학교에 도착하여 담당 선생님을 만나고, 상담을 진행했다. 상담이 끝난 후 담당 선생님께서는 불쾌하다는 표정보다는 오히려 나를 걱정해주셨다. "무슨 일이 있으셨어요?"라며 걱정하는 표정과 함께 나를 챙겨주신 것이다. 그리고 선생님께서는 괘념치 말라며 안심시켜주셨다. 다음에 다시 날을 잡아서 보강해주시면 된다고 하셨다. 나는 죄송함과 동시에 감사함도 느꼈다. 모든 상황이 종료된 후 집으로 돌아왔다. 집으로 가는 차에서도 나는 여전히 마음이 불편했다. 자책했다. 상황은 다행히 큰 문제 없이 잘 넘어갔지만, 여전히 나는 부정적 생각 속에 갇혀 있었다.

이야기의 주인공은 바로 나다. 이 이야기는 상담하며 기억나는 실수담 중의 하나이다. 아마 자신의 삶을 살아가다 보면 누구나 하나씩의 실수담을 갖고 있을 것이다. 그 실수담을 한번 떠올려보라. 나를 정말 힘들게 한 것은 무엇이었는가? 당시 나의 실수였나? 아니면 그 실수로 인해 내 머릿속에 있는 생각이었나?

이 질문의 이유는 바로 생각의 중요성을 강조하기 위함이다. 우리가 정말로 힘든 것은 핵심적으로 무엇 때문인지 알아보려고 하는 것이다. 핵심을 알게 된다면 우리는 그것들을 수정하고, 더 행복해질 수 있기 때문이다.

답을 내려 보았는가? 조심스럽게 추측해보자면 나의 실수가 나를 더욱 더 힘들게 하는 것으로 생각하는 사람들이 많을 것이다. 왜냐면 그 실수로 인해서 직접적인 피해자가 생겼기 때문이다. 그렇다. 틀린 말이 아니다.

하지만 조금 더 이 상황을 쪼개서 보자. 그러면 상황보다는 생각이 우리를 더욱더 힘들게 하는 것임을 알 수 있다. 비유를 들어보겠다. 요즘 초고속 카메라가 등장했다. 그 카메라는 짧은 순간을 여러 장면으로 나누는 기능이 있다. 그래서 그 기능을 활용하여 다양한 장면을 추출할 수 있고, 좀 더 역동성 있는 사진을 얻을 수 있다. 내가 경험했던 상황도 초고속 카메라로 촬영해보면 나의 실수가 아니라 내 생각 때문에 힘들다는 것을 알 수 있다. 나는 지각하는 실수를 했고, 그다음으로 '내가 정말 무슨 짓을 한 거지? 바보야!'라며 자책을 한다. 그래서 나는 우울하고, 스스로 화가 난다. 심지어 이 과정은 모든 상황이 긍정적으로 잘 끝났음에도 불구하고, 계속된다. 담당 선생님께서 괜찮다고 말을 했지만, 여전히 내 머릿속에서는 '정말 그러면 안 됐었어!'라며 자책 어린 생각을 하게 된다.

어떤가? 각자의 상황을 초고속 카메라로 촬영해보라. 모든 상황에 적용될 수 있는 내용이다. 모든 상황에 있어서 어떤 상황이 존재한 다음 내 생각이 따른다. 그래서 우리는 실제 상황보다는 그 상황에 따른 내 생각 때문에 더욱더 힘들다. 심지어 상황이 존재하지 않음에도 여전히 내 안의 생각들이 나를 괴롭힌다.

이런 이유로 생각을 그토록 중요시하는 것이다. 어른들의 말씀이 하나도 틀리지 않았다. 이왕 생각하는 거 부정적인 생각보다는 긍정적인 생각을 하라고 하셨다. 그 시대에는 심리학이라는 학문이 존재하지 않았지만, 사람의 마음 작용에 대해서는 훤히 깨닫고 계셨던 것 같다. 그래서 이런 명언이 탄생할 수 있었던 것 같다.

생각의 힘은 생각보다 크다

생각의 힘이 얼마나 크다고 생각하는가? 나는 심리학을 하면서 생각의 힘이 얼마나 더 큰지 깨닫게 되었다. 그럼에도 불구하고, 아직까지 생각의 힘을 깨닫기에는 한참이나 모자란 것 같다. 조금 과장을 한다면, 아마 평생을 연구해도 모자랄 정도이다. 왜냐면 상담을 하다 보면 모두 다 생각의 문제를 겪고 있다. 그리고 그 생각 하나로 삶이 달라지는 것을 눈앞에서 본다. 즉, 생각 하나로 천당에서 살 수도 있고, 지옥에서 살 수도 있는 것이다. 그래서 나는 생각의 힘이 얼마나 큰지 묻는다면 조심스러울 것 같다. 생각의 힘은 아무리 강조해도 지나치지 않기 때문이다. 붓다는 이미 일찍이 생각의 힘에 대해서 터득하였다. "지금의 나는 과거의 생각의 소산이다."라고 말했다.

이런 생각의 힘을 이용해 지옥에서 천국의 삶을 사는 사람이 있다. 그는 바로 한국 책쓰기 1인창업 코칭협회의 김태광(김도사) 대표이다. 그는 과거 어릴 적 그 누구보다도 경제적, 사회적으로 어려운 환경에서 살아왔다. 너무 힘든 나머지 자살을 생각하는 것은 그에게 너무도 자연스러운 과정이었다. 일반적으로 자살을 생각하는 것은 쉽지 않지만, 그에게는 일상이었고, 너무도 쉬웠다. 가족관계에서는 누구도 그를 지지해줄 사람이 없었다. 가난에 찌들어 더 버티기 어려운 아버지는 삶과 가정을 놓아버렸다. 슬퍼할 겨를도 없이 그는 가족들의 위로를 받는 것 대신에 거액의 빚을 떠안게 되었다. 혼자만의 삶도 아주 힘들었지만, 어려운 가정형편에서 자란 그는 더욱더 우울할 수밖에 없었다. 그래서 그런 그에는 자살이라는 것이 친숙했다.

그런 삶의 과정에서 그는 포기하지 않았다. 그는 자살을 택하기보다, 꿈을 택했다. 작가의 꿈을 택한 것이었다. 물론 저자가 되는 과정, 출판의 과정도 순탄치 않았다. 하지만 끝까지 포기하지 않았다. 자살 대신에 꿈을 선택한 사람의 힘은 상상할 수 없을 것이다. 수백 번의 시행착오 끝에 결국 그는 27세가 되던 해에 『꿈이 있는 다락방』, 『마음이 담긴 몽당연필』을 출간하게 되었고, 작가의 타이틀을 갖게 되었다. 그런 뒤 그는 꾸준히 책을 출간해왔고, 지금은 기업과 견줄 만한 한국 책쓰기 1인창업 코칭협회를 설립하게 된 것이다. 그는 지금까지 22년간 200권의 저서를 냈다. 그리고 6년 동안 800명의 작가를 배출했다. 보통의 정신력으로는 가능할 수 없는 업적이다.

지금 존재하는 어떤 과학적 연구 중에도 지금의 그를 설명할 수 있는 것이 없을 것이다. 일반적인 상황으로 볼 때 그는 패배 의식에 찌들은 삶을 살게 되기가 더 쉬웠다. 하지만 그는 그 상황을 이겨냈다. 누가 앞장서서 도와주지도 않았다. 그는 혼자서 일어났다. 그렇게 혼자서 일어날 수 있었던 것은 자신을 놓지 않았기 때문에 가능했다. 자신을 놓지 않았다는 말은 자신의 꿈과 삶을 놓지 않았다는 것이다. '작가가 되고 싶다'는 그 생각 말이다. 자신의 꿈이 담긴 생각을 놓지 않았기에 지금의 그가 존재하는 것이다. 이렇게 생각의 힘은 위대하다. 한 사람을 놓아버릴 수도 있고, 아니면 끌어올릴 수도 있다.

그러니 생각의 힘을 적극 활용하자. 내가 무엇을 상상하든 생각의 힘은 그 이상이다. 내가 원하는 곳이 있다면 그곳으로 데려다줄 수 있는 것이 바로 생각이다. 지금의 내 삶을 변화시키고 싶다면 당장 긍정적 생각을 심어줘야 한다. 내 삶에 대해서 부정적인 사람일수록 더욱더 긍정적인 생각을 해야 한다. 당연히 처음에는 안된다. 차근차근 하나씩 심어줘야 한다.

긍정적인 생각 하나를 의식적으로 되뇌어보자. 이는 심리학적으로 자기암시 효과를 노리는 것이다. 어려울 것 없다. '나는 행복한 삶을 살고 있다.'라고 지금 당장 되뇌어보자. 일상에서 자신에게 긍정적인 생각을 선물하듯 해주자. 중요한 것은 아침에 일어나자마자 긍정적 생각을 하는 것이다. 왜냐면 그 생각과 말이 자신의 무의식 속에 좀 더 쉽게 각인되기 때문이다. 이렇게 자신의 무의식 속에 각인되면, 하루를 살면서 자신도 모르게 그 생각이 계속해서 되뇌어지기 때문이다. 그래서 어떤 일을 하더라도 뭔가 모르게 자신감이 생기고, 활력을 얻게 된다. 물론 이는 한 번의 실행으로 효과를 볼 수 없다. 그러나 가장 확실한 방법임에는 틀림없다.

행복해지고 싶다면? 내가 조금 더 나를 사랑하고 싶다면? 매일 아침 자신에게 긍정적 생각을 선물하자.

04 나에 대한 생각을 바꾸면 인생이 바뀐다

자신을 한계 짓지 말라. 당신은 당신의 믿음이 정하는 만큼 갈 수 있다.
당신이 믿는 것, 당신은 그것을 성취할 수 있다.
– 메리 케이애시

자신에 대한 생각이 삶을 창조한다

우리 모두 자신이 바라는 나의 모습, 상황이 있다. 공부 잘하는 나, 충분한 경제적 부를 누리는 나 등. 자신이 바라는 만큼 나의 모습이 존재할 것이다. 의식적이든, 무의식적이든 우리들은 이런 모습들을 이루기 위해서 열심히 살아가고 있다. 그런데 중요한 것이 있다. 성취하는 사람과 그렇지 못한 사람이 존재한다. 즉, 자신이 바라는 모습을 성취하는 사람이 존재하는 반면 그렇지 않은 사람도 존재한다는 것이다.

무엇이 그들로 하여금 성취하게 했을까? 혹은 무엇이 그들을 좌절하게 했을까? 많은 이유로 설명을 해볼 수 있겠다. 그중에 하나로 대표적인 심리학 연구를 꼽아 볼 수 있겠다. 그것은 바로 '학습된 무기력'이다. 이는 매우 많은 영역에서 사용되어오고 있다. 통계 자료로 셀 수 없을 정도로 인용되고 있다. 그래서 현대인들에게는 매우 친숙한 개념이다.

〈두산백과〉에 기술된 학습된 무기력은 피하거나 극복할 수 없는 부정적인 상황에 지속해서 노출되면서 어떠한 시도나 노력도 결과를 바꿀 수 없다고 여기고 무기력해지는 현상이다.

이러한 모습을 보여주는 대표적인 연구가 있다. 셀리그만이 24마리의 개를 대상으로 한 연구이다. 그는 24마리를 3개의 집단으로 나누었다. 그래서 첫 번째 집단에는 전기충격을 준다. 그런데, 그 집단에서는 개들이 장치를 조작할 수 있게 만들었다. 그래서 개들이 조작을 잘하게 되면 전기충격을 멈출 수 있다. 두 번째 집단에도 마찬가지로 전기충격을 준다. 하지만 개들이 저항할 수 없도록 묶어두었다. 세 번째 집단에는 전기충격을 주지 않았다.

그리고 연구가 시작한 지 하루가 지나면 다른 상자로 이동시켰다. 이 상자의 특징은 총 두 개로 구성되어 있다. 한쪽에는 전기충격이 가해지고, 반대편 상자에는 전기충격이 없다. 그래서 개들이 전기충격을 받는다면 반대편 상자로 충분히 넘어갈 수 있도록 설계되었다.

연구 결과는 놀라웠다. 첫 번째와 세 번째 집단에서는 반대편 상자로 개들이 넘어가는 모습을 보여주었다. 하지만 두 번째 집단의 개들은 반대편 상자로 넘어가지 못했다. 두 번째 집단의 개들은 묶여 있는 사슬이 없음에도 불구하고, 반대편 상자로 넘어가지 않았다. 그 개들은 계속해서 전기충격을 온몸으로 받아내고 있었다.

왜 그랬을까? 두 번째 집단의 개들이 바로 학습된 무기력을 경험하고 있었기 때문이다. 이 집단의 개들은 이전의 경험에서 자신이 도망갈 수 없다는 것을 학습하게 된 것이다. 그래서 새로운 상황이 되었음에도 불구하고 그냥 그대로 가만히 있는 것이다.

지능이 낮은 동물이라서 그랬을까? 불행히 우리도 두 번째 집단의 개와 전혀 다르지 않다. 계속해서 자신이 좌절하는 경험을 했다면, 다른 상황이 되어서도 회복되지 않는 자신감으로 새로운 상황을 맞이하게 될 것이다. 그다음의 상황은 불을 보듯 뻔하다. '나는 어쩔 수 없어.'라는 말만 되뇌며 주어진 현실을 온몸으로 받아낼 것이다. 온갖 우울감과 불안감을 경험하면서 말이다.

우울한 얘기다. 희망이 없는 것 같은 느낌이기 때문이다. 그래서 '좌절을 경험한 사람은 앞으로도 계속 그렇게 살아야 하는가?'라는 질문이 떠오른다. 결론부터 말하자면, 'No'이다. 우리는 동물보다 고차원적인 사고를 할 힘이 있다. 이를 활용해야 한다. 힘든 상황이 될 때마다 자신을 돌아보는 것이다. 다시 말해, 내가 이전에 좌절했던 것으로 인해 지금도 영향을 받고 있는지 돌아보는 것이다. 이렇게 제대로 돌아보기만 한다면, 우리는 지금의 어려움, 상황의 반전을 생각보다 쉽게 만들어 낼 수 있다.

생각의 힘으로 세상도 변화시킬 수 있다

그리고 무엇보다 우리에게는 생각할 수 있는 힘이 있다. '나는 할 수 있다!', '나는 포기하지 않아.'라는 생각을 말한다. 이런 생각을 충분하게 활용하면 내 삶을 바꿀 수 있다. 그리고 더 크게는 내 인생도 충분히 바꿀 수 있다. 지금도 수없이 많은 자기계발서가 쏟아지고 있다. 그 저서의 주인공들은 자신만의 영역에서 나름 성공을 했던 사람들이다. 그 사람들을 높은 자리에 올려둘 수 있었던 것은 돈, 명예, 권력이 아니다. 바로 생각의 힘이 있었기 때문이다.

2016년 브라질 리우 올림픽에서 펜싱 선수 박상영이 생각의 힘을 보여주었다. 그는 중1 때부터 펜싱을 시작했다. 그는 특별하게 잘하는 것이 없었다. 하지만 펜싱을 통해서 처음으로 인정받게 되었고, 그것이 지금의 박상영 선수를 만들었다. 그는 연습에 연습을 거듭하였고, 각종 대회에서 메달을 휩쓸었다. 동시에 펜싱 유망주로 떠오르게 되었다. 하지만 세상의 일은 순탄치 않다. 그는 왼쪽 무릎을 수술하게 되었다. 선수에게는 치명적인 일이다.

그러나 그는 역경 속에서 포기하지 않고, 결국 리우 올림픽에 출전하게 되었다. 그 과정에서 결승전까지 올라가게 되었고, 상대 선수와 각축전을 벌이게 되었다. 마지막 3세트를 앞두고 4점 차로 뒤지고 있었다. 사실, 4점 차는 작은 점수인 것 같지만, 펜싱에서는 매우 큰 점수 차이다. 그래서 펜싱 관계자들은 모두 다 포기한 상태였다. 하지만 그는 포기하지 않았다. 카메라에 잡힌 그는 혼자서 되뇌고 있었다.

"할 수 있다. 할 수 있다. 할 수 있다."

이후 그는 기적적으로 상대의 공격을 막았다. 그리고 점수를 따내게 되었다. 결국 금메달을 목에 걸게 된 것이다! 그 과정을 함께하던 모든 국민들이 감동했다. 그가 한 일은 자신을 믿은 것뿐이었다. '할 수 있다!' 라고 말이다.

정말 귀감이 되는 모습이다. 경기 장면에서 박상영 선수는 그 누구에게도 힘을 빌리지 않았다. 자신에 대한 생각이 곧 사실이라고 믿은 것이다. 그리고 그 결과로 기적을 만들어냈다. 어쩌면 심리학의 관점에서 본다면 너무나 당연한 결과일 것이다. 생각의 힘은 무한하다는 것이 과학적으로 계속해서 증명되고 있기 때문이다. 나는 그를 통해서 깨닫게 된 것이 있다. 사람은 세상을 통제할 수 없지만, 자신만큼은 확실하게 통제할 수 있다고 생각하게 되었다.

자신에 대한 생각은 우리의 건강에도 영향을 미치고 있었다. 보통 몸과 마음을 따로 떼어놓고 생각할 때가 많다. 즉, 몸은 몸대로 마음은 마음대로 생각하자는 것이다. 하지만 심리학에서는 이런 상식을 받아들이지 않는다. 왜냐면 몸과 마음은 하나라고 생각하기 때문이다. 물론 학자들에 따라서 약간의 견해 차이는 있을 수 있다. 어쨌든 심리학계에서는 몸과 마음이 하나로 이어져 있다고 보기 때문에 건강을 관리하기 위해서는 마음이 건강해야 함을 강조한다.

몸과 마음이 하나라는 생각을 뒷받침할 수 있는 연구들이 계속해서 나오고 있다. 최근에 카네기 멜론대학 쉘던 코헨(Sheldon Cohen) 교수는 긍정적인 것이 건강에 매우 중요하다고 밝혔다. 그는 행복하고, 활기차며, 긍정적인 생각을 하는 사람들은 그렇지 않은 사람들에 비해서 감기 바이러스(Cold virus)에 감염될 확률이 적다고 밝혔다. 그러니까 긍정적으로 생각하며 지내는 사람은 감기에 걸릴 일이 적다는 것이다.

이 연구는 우리가 생활할 때는 부정적인 생각보다는 긍정적인 생각을 갖고 일과 학업을 하라고 말한다. 어쩌면 우리는 건강을 위해서 너무 많은 투자를 하고 있다는 생각이 들었다. 피트니스 클럽 등록, 등산, 조깅, 수영 등. 심지어 건강관리를 위해 스트레스받아가며 시간을 내기도 한다. 하지만 연구를 보면 건강관리는 따로 시간 내서 하는 것이 아니라 평소에 하는 것이라는 생각이 들었다. 즉, 평소에 긍정적인 생각을 유지하며 즐겁게 사는 것이 최고의 예방인 셈이다.

나 자신에 대한 생각을 바꾸기 어려운가? 혹시 어렵다고 생각하고 있다면, 한번에 너무 많은 변화를 바라고 있는지 생각해보길 바란다. 차근차근 하나씩 변화시켜 나간다면 어려울 것이 없다. 그 과정을 즐길 수 있게 되면, 행복감은 저절로 따라오게 될 것이다. 자신이 변화하는 모습, 삶의 변화를 보게 된다면 더욱더 힘을 느끼게 될 것이다.

인생은 내 손에 있다. 절대 다른 사람의 손에 있지 않다. 우리가 다른 사람의 손에 인생을 넘겨줄 때, 우리가 통제할 수 없다고 느낄 때, 무력감을 느낄 때 인생은 불행해진다. 잊지 말자. 인생을 바꾸고 싶다면, 나에 대한 생각부터 바꾸자.

내 인생을 위해 가지면 좋은 기준 :
"배움에 아낌없이 투자하라."

배움은 언제나 현명한 선택이다. 왜냐면 배움을 통해서 우리는 더 많은 삶의 경험을 축적하게 되기 때문이다. 무엇보다 배움은 손해가 없는 장사이다. 그래서 배움은 더욱더 자신에게 좋은 투자가 될 수 있다.

무엇인가를 배우기 위해서 투자를 하면 그 배움 자체로 나는 이전과 다른 내가 되어갈 수 있게 된다. 즉, 성장할 수 있는 기회를 갖게 되는 것이다. 또한, 무언가를 배우기 위해서는 새로운 장에 참석하게 된다. 그러면 그곳에서 다양한 사람들과 교류를 할 수 있게 된다. 내가 잘 모르는 사람들과 교류하는 것은 자신의 의식을 넓혀주고, 삶에 활력을 불어넣어 준다. 이 외에도 배움은 나에게 이익이 되는 형태로 도움을 준다.

그러나 이 배움이 당장 도움이 되지 않는 경우도 있다. 그리고 그 배움에 불만족을 느낄 수도 있다. 늘 배움에 대한 선택이 성공할 수는 없기 때문이다. 그럼에도 불구하고, 배움이 좋은 이유는 불만족했던 교육이라도 나중에 도움이 되는 경우가 있기 때문이다. 당장은 쓸모없는 교육으로 치부될지 몰라도 나중에 어느 곳에선가 분명 쓰임이 있다는 것이다.

나의 스승이신 이영순 교수님은 늘 배움의 자세로 제자들에게 귀감이 되어주셨다. 그녀의 이력과 경륜이면 더 이상 배움이 필요치 않을 수 있다. 하지만 여전히 배움을 위해서라면 물불을 가리지 않는다. 유명한 일화가 있다. 교수가 되기 전에 직장생활을 하면서 벌어들이는 월급이 있었다. 그 월급의 대부분을 배움에 투자하였다. 그래서 그녀의 삶은 배움의 산증인이라고 해도 될 정도이다. 즉, 배움이 지금의 행복한 삶을 가져왔다고 말할 수 있는 증인인 셈이다.

다시 한번 말하지만 배움은 늘 현명한 선택이다. 특히, 20, 30대에게는 더욱더 좋은 선택이 될 수 있다는 것을 잊지 말라.

05 나 자신이 가장 소중하다는 것을 기억하라

내가 나 자신을 위하지 않는다면 누가 나를 위하겠는가
– 힐렐

어떤 기준으로 나를 바라보고 있는가? 그 기준은 내 행복과 연관되어 있다

개인적으로 여행을 좋아하는 편이다. 그래서 시간과 돈이 될 때 여행을 국내외로 다녀오려고 한다. 여행을 좋아하는 이유는 여러 가지가 있다. 그중 하나는 바로 사색의 시간을 가질 수 있다는 것이다. 아무래도 해외에 있으면, 현실의 모든 고민을 놓고 떠나는 것 같아서 자유로운 느낌이 든다. 그리고 여행을 통해 그동안 정리하지 못했던 생각들을 정리할 수가 있다. 아무래도 내 일상과 가까이 있으면, 신경을 더 쓸 수밖에 없다. 하지만 여행을 가면 일상과 분리되면서 생각을 정리하기가 더 쉽다. 또한, 그 과정에서 나를 좀 더 편안하게 돌아볼 수 있게 된다.

한번은 재미있는 경험을 했다. 여행 국가에 따라서 나의 태도가 달라지는 것을 확인하였다. 동남아 국가를 갈 때와 유럽 국가를 갈 때 확연히 달랐다. 동남아 국가로는 베트남을 한 번 가봤다. 당시 나는 학생의 신분이었다. 하지만 겉으로 표현을 하지 않았지 회장이 된 것 같은 느낌으로 베트남을 활보했다. 왜냐면 물가가 매우 저렴했기 때문이었다. 예를 들어, 우리나라에서 4, 5천 원 정도는 지급해야 사 먹을 수 있는 국수가 그곳에서는 1천이면 해결되었기 때문이다. 반면에, 유럽 국가로는 독일을 가봤다. 그곳에서는 어떤 태도로 있었을까? 베트남에서 활보했던 모습과는 정반대였다. 다소 위축된 모습으로 거리를 활보했다. 늘 겸손한 태도와 배우려는 자세로 여행을 했었던 것 같다. 별 의미 없는 것에도 큰 의미를 두며 '역시 선진국은 달라!'라며 연신 되뇌었다.

똑같이 해외를 여행했지만, 그렇게 나의 모습이 정반대였던 것이 흥미로우면서도 궁금했다. 오랜 생각 끝에, 나의 결론은 기준의 차이였다. 각 국가를 여행할 때 나는 내 기준으로만 그 국가들을 바라보았던 것이다. 나는 경제적인 부분을 중요시했기 때문에 그것으로만 각국을 평가했다. 그래서 독일에서는 겸손해하며, 베트남에서는 자만감을 느꼈다.

과연 이 기준으로 각 국가를 제대로 평가할 수 있을까? 절대 그렇지 않다. 내가 바라봤던 기준은 보는 사람에 따라서 달라질 수 있다. 내가 봤을 때는 베트남은 선진국이 될 수도 후진국으로 보일 수도 있다는 것이다. 그것은 독일도 마찬가지다.

사람들의 기준은 모두 다 상대적이다. 절대적인 것이 없다. 이는 다른 사람들이 나를 볼 때도 해당한다. 자신만의 기준으로 나를 바라볼 수도 있다는 것이다. 그래서 다른 사람들이 아무리 나 자신에 대해서 평가하고, 비난하더라도 흔들리지 않도록 해야 한다. 보통 흔들리게 되는 이유는 나 자신의 기준으로 나를 평가하지 않고, 다른 사람의 기준으로만 나를 평가하는 것을 허용했기 때문에 힘들어지고, 흔들리는 것이다. 그리고 그 핵심으로는 내가 나를 보는 기준이 없었거나, 부실했던 것을 꼽을 수 있다.

결국, 나를 소중하게 생각한다는 것은 나에 대한 평가 기준을 다른 사람에게 내어주지 않는 것이다. 우리나라 독립 열사들이 우리나라의 정신과 언어, 땅 등을 지키기 위해서 온 힘을 다했던 것처럼, 다른 사람의 기준으로부터 나를 지켜내야 한다. 이 말은 다른 사람들의 기준으로 자신을 침범하려 할 때 우리를 지킬 수 있는 것은 나만의 기준이라는 것이다. 그렇게 나를 소중하게 여기고 지켜내는 힘은 바로 자신만의 기준을 세울 때 생겨난다. 그렇게 될 때 비로소 진정한 성장과 행복을 안정적으로 누릴 수 있게 될 것이다.

자신을 소중하게 여기기 위해서 가장 먼저 해야 할 일이 있다. 그것은 존재로서 자신의 가치를 깨달아야 한다. 이 세상에는 수많은 사람이 존재한다. 지금 글을 쓰고 있는 중에도 이 세상 어디에선가 생명의 탄생이

기록되고 있을 것이다. 즉, 초, 분 단위로 생명이 탄생하고 있다는 것이다. 그렇게 수많은 사람이 있는데, 신기한 것은 단 한 명도 똑같은 사람이 없다는 것이다. 심지어 쌍둥이들조차 미세하게 성격이나 생김새가 다르다. 이 말은 이 세상에 '나'라는 존재는 오직 단 하나라는 것을 반증하는 것이다. 나라는 존재는 특별함을 넘어서 존귀한 존재로 표현될 수 있다는 것이다.

하지만 이렇게 소중한 존재이지만, 실제로 그 소중함을 알고 있는 사람은 얼마나 될까? 현실에서 자신에 대한 가치를 논하려 하면 개똥철학이라며 무시받기 일쑤다. 왜냐면 모두 다 코앞의 삶을 살아가기 바쁘고, 나도 주어진 현실을 처리해내기도 벅차기 때문이다.

심리학을 하기 전에 나는 자신을 사랑하는 것의 중요성을 사람들에게 얘기하고 싶었다. 하지만 그런 얘기를 할 때마다 '현실로부터 도망치고 싶냐?'라며 비아냥거림을 받았다. 그 말을 들었을 때 아프고 슬펐다. 왜냐면 그 말이 맞았기 때문이었다. 그래서 나는 반박할 수가 없었다. 그리고 그 말에 수긍해야만 하는 현실이 더욱더 나를 아프게 했다.

심리학과 상담을 전공하면서는 이유가 더 단단해졌다. 이제는 똑같이 그 말을 하더라도 반박을 할 수 있는 힘이 생긴 것이다. 진짜 현실을 살아갈 힘은 바로 자신에 대한 생각, 이미지, 태도에서부터 시작되는 것을 깨달았기 때문이다. 물론 그저 현실을 묵묵히 처리하며, 살아가는 것도 인생의 한 태도로써 잘못된 태도라고 여기는 것은 아니다. 적어도 내가 깨달았을 때는 자신에 대한 사랑이 전제된다면 우리는 더욱더 힘을 갖고 살아나갈 수 있음을 표현하고 싶은 것이다. 그래서 자신에 대한 소중함을 깨닫기 위한 질문을 멈추지 말아야 한다.

이제부터는 다른 사람이 아닌 나부터 존중하라

우리는 자신을 매우 귀한 사람으로 대접해야 한다. 앞서 말했듯 우리는 이미 무엇을 하지 않아도, 그 존재 자체로 빛이 나는 사람이다. 그러니 무엇을 하지 않아도 귀한 대접을 받을 권리가 충분하다. 여기에서 대접이란 사회적인 지위, 경제적으로 평가될 수 있는 것이 아닌 인간으로서의 존중감을 말한다. 그러니 굳이 다른 사람이 대접을 해주지 않더라도, 든든한 자산처럼 존중해주는 것이 필요하다는 것이다.

유명한 소설가 김홍신은 자신의 저서 『인생사용설명서』에서 자신감, 자아존중감에 대한 강조를 하였다. 그의 저서에는 많은 일화가 소개되고 있는데, 그중 기억에 남는 하나가 있었다. 지인들과 대화 중에 뜬금없지만 이런 질문을 한다.

"세상의 중심이 어딘가요?"

"……"

지인들은 쉽게 대답하지 못했다. 나 또한 그 질문을 받았다면, 쉽사리 대답하지 못했을 것 같았다. 그는 사람들이 세상의 중심이 어딘지 모른다는 것에 아쉬움을 숨기지 못했다. 그는 뜬금없는 질문으로 실없는 사람이 될 수도 있었다. 하지만 곰곰이 생각해보면 매우 깊이 있는 질문이었다는 것을 알 수 있다.

사실, 세상의 중심은 지구의 핵이 아니라 바로 나 자신이다. 내가 없다면, 이 세상도 의미가 없다. 이 말은 내가 있어야 곧 이 세상도 의미를 가질 수 있다는 것이다. 즉, 나는 이 세상으로부터 의미를 받는 사람이 아니라 의미를 부여할 수 있는 사람인 것이다. 이 세상의 주체로 존재하고 있는 것이다. 그러니 세상의 중심은 핵이 아니라 나 자신이라고 말해도 과언이 아닐 것이다.

당신이 가장 싫어하는 동물은 무엇인가? 나는 뱀, 거미를 싫어한다. 아마 이 둘은 일반적으로 거부하는 사람들이 많을 것이다. 그래서 그런지 부정적인 역할들만 눈에 띄게 보인다. 즉, 자연에서 크게 도움이 되지 않으리라 생각했다. 하지만 최근에 알게 된 사실이 있다. 한낱 미물로만 보이지만, 자연을 위해서 분명 이롭게 하는 일이 있다는 것이다.

뱀의 경우 쥐를 잡아먹는다. 그래서 옛날에는 뱀을 흉물스러운 것으로만 보는 것이 아니라 오히려 도움이 되는 것으로 여겼다. 우리나라 민속에 따르면, 구렁이가 집에 나타나면 소리 질러 내쫓지 않고, 귀하게 여기고 먹이를 주며 주인으로 대했다고 전해진다.

뱀의 긍정적 측면을 꺼내는 이유는 바로 여기에 있다. 나 자신의 소중함을 조금이라도 깨닫기 위함이다. 뱀을 부정적으로 바라보고 있었기에 그것의 부정적인 역할들만 보였다. 인간도 마찬가지다. 현재 내가 너무 가치 없고, 쓸모없는 존재라고 여겨진다면, 실제로 내 능력, 존재 자체의 문제이기 전에 내 생각 자체의 문제인 것이다. 즉, 내가 나 자신을 너무 과소평가하고 있다는 것이다.

긍정적인 생각은 세상도 들어올린다고 하였다. 내 생각이 바뀐다면, 나 자신이 바뀔 것이다. 나 자신이 바뀌면 내 삶이 바뀔 것이다. 그리고 이 모든 것의 시작은 바로 나 자신이 소중하다는 생각에서 시작한다. 잊지 말자.

06 어떤 상황이라도 나를 우선순위에 두어라

중요한 건 일정표에 적힌 우선순위가 아니라 당신 인생의 우선순위를 정하는 것이다.
- 스티븐 코비

왜 나 자신을 우선순위에 두지 않는가?

인간은 수많은 상황에 있어서 생각의 영향을 받고 산다. 즉, 매 순간 내가 하는 행동은 거의 다 어떤 생각에 따라서 하게 된다. 아주 간결하고, 사소한 움직임이라도 마찬가지이다. 내가 그 행동을 하고자 하는 생각을 했기 때문에 그렇게 사소한 움직임을 보여주는 것이다. 예를 들어, 매우 짧은 순간에 내 옆을 뭔가 스쳐 지나갔다. 그러면 나는 '옆에 뭐가 있나?' 하는 생각을 부지불식간에 하게 된다. 그 생각과 동시에 눈동자를 옆으로 움직이게 된다. 다만, 그 생각은 매우 찰나이기 때문에 우리가 의식하지 못할 뿐이다.

이렇게 생각이 우리의 모든 행동에 영향을 주게 된다. 신념 또한 마찬가지이다. 신념은 얼핏 보면 생각과 비슷한 것으로 보일 수 있지만 다르다. 사전적 정의로 신념은 굳게 믿는 마음이다. 그러니까 어떤 상황이 닥쳐도 나는 그 생각을 굳게 유지한다는 것이다. 예를 들어, 축구를 좋아했던 어떤 학생이 있었다. 그 학생은 축구를 좋아해서 어릴 적 계속해서 축구를 즐겨 했다. 하지만 친구들이 그의 축구 실력을 매번 놀렸다. 실제 실력 여부와는 상관이 없다. 놀림은 그의 내면에 쌓이고 쌓여서 어느새 굳은 신념이 된다. 처음에는 찰흙같이 말랑하고, 손으로 쥐었다 폈다 할 수 있는 것이 이제는 딱딱하게 돌처럼 굳어버린 것이다.

'나는 축구를 못 해.'

이렇게 각자의 내면에 굳어진 생각으로 존재하는 것이 바로 신념이다. 이렇게 굳어지고, 내면 깊게 심어진 신념은 그 학생이 축구 선수로 생활을 하든, 취미로 축구를 하든 부정적 영향을 미치게 될 것이다. 축구를 하게 될 때는 알게 모르게 자신감이 없는 모습으로 나타날 수도 있고, 공을 만지는 것을 두려워할 수도 있다. 아니면 축구 자체를 강하게 거부하는 모습으로 나타날 수도 있다. 이는 마치 썩은 귤과 같다. 썩은 귤이 있으면 그 주위의 멀쩡한 귤들도 함께 짓무르게 된다. 그것을 방치하고 계속해서 두면 썩은 귤과 함께 있는 귤들은 모두 다 버려지게 된다. 그런데, 썩은 귤이 당장은 큰 문제를 일으키지 않고, 색깔도 비슷해서 큰 문제가 없는 것처럼 보인다. 그래서 사기 전에 꼭 뒤집어보고, 확인해서 골라낸다. 그래야 나중에 발생하게 될 큰 문제들을 예방할 수 있게 된다.

우리의 마음도 마찬가지이다. 내면에 존재하는 부정적 신념을 찾아내서 골라내야 한다. 그렇지 않으면 어디에선가 모르게 계속해서 부정적 영향을 준다. 면밀하게 찾지 않으면 영원히 그런 신념을 내면에 안고 살아가게 된다. 물론 누구나 이런 신념을 하나 이상 갖고 있지만, 일상생활에 큰 문제를 겪고 있다면 필수적으로 신념을 검토해봐야 한다.

이제 자신에게 물어보자. 자신의 내면에 존재하는 '나'에 대한 신념은 어떠한가? 그리고 '나'에 대해서 얼마나 소중하게 생각하고 있는가? 아마 이 질문에 대해서 명쾌하게 대답할 수 있는 사람이 몇이나 될까?

우리나라의 사회적 문화는 명문대가 얼마나 멋지고 소중한지 알려주지만, 자신이 소중하고, 고귀한 존재인지를 알려주지 않는다. 그래서 초 · 중 · 고 · 대학생까지 지식에 대한 앎은 넓어지지만, 자신에 대한 앎은 제자리걸음이다. 즉, 신체적으로 계속해서 성장할 뿐 정신적으로 성장할 기회는 매년 놓치게 되는 것이다.

자신에 대한 앎의 기회를 놓치는 것은 한 인간으로서 누릴 수 있는 권리를 놓치게 만들기도 한다. 미국의 민주주의 역사를 논할 때 중요한 사건들이 있다. 그중 하나를 꼽자면, 1776년에 발표된 '버지니아 권리장전'이다. 여기에는 정부의 부당함을 담고 있는 권리가 소개되어 있다. 그러나 무엇보다 인간이 태어나기도 전에 당연히 주어지는 권리가 포함되었다는 것에 큰 의미가 있다. 이렇게 인간에 대한 존엄성을 반영하는 것이 다양한 국가에 긍정적으로 영향을 미쳤다. 특히 프랑스가 긍정적인 영향을 받았다. 1789년 프랑스에서 발표된 인권선언은 버지니아 권리장전에 기초할 정도로 영향력이 있었다.

버지니아 권리장전 중에 인상적인 부분 하나를 소개하고자 한다. 이 내용은 가장 첫 번째 조항이다.

'모든 인간은 날 때부터 평등하고 자유롭고도 자주적이며 일정한 천부의 권리들을 갖고 있는 바…'

여기서 무엇을 확실하게 알 수 있었는가? 바로 인간에게 주어진 권리이다. 우리는 태어나기도 전에 이미 인간이라는 그것 자체만으로도 권리를 갖는다. 평등하고, 자유로울 수 있는 권리를 갖고 살아간다는 것이다. 그런데, 우리는 이 권리를 충분히 활용하고 있지 못한 것 같다. 아니. 좀 더 냉정하게 말하면 권리가 있는지조차 모르고 그냥 그렇게 살아간다는 표현이 더욱 맞을 것이다.

물론 사회가 우리를 다양한 방식으로 옥죄고 있다. 그렇다고 우리 자신도 그 문제로부터 완전히 벗어난다는 것은 아니다. 우리도 일부 책임이 있다.

'나에게 주어진 권리에 무지했던 것.'
'나 자신을 우선순위에 두지 않은 것.'

이런 부분에 우리 스스로가 반성하고, 책임을 지고자 할 때 비로소 내가 행복해질 수 있을 것이다. 무엇보다 나 자신이 진정으로 우선순위에 올려질 것이다.

나는 학교와 사회에 불만을 많이 느끼고 있었다. 교육 제도가 마음에 들지 않았고, 사회는 왜 이렇게 불평등한 것인지 등등에 대해서 늘 불만을 갖고 있었다. 하지만 이제야 조금씩 깨달아 가고 있다. 그 모든 문제는 나만의 잘못이 아니라는 것이다. 다시 말해, 나에게도 잘못이 있다는 것이다. 사회가, 학교가, 다른 사람들이 나에게 불평등한 상황에 부닥치게 할 때까지 나는 아무것도 하지 않았다는 반성을 크게 했다. 그들이 자신만의 기준으로 나를 평가하도록 그 기준을 내어주었고, 그들이 나를 평가해도 아무런 반박도 하지 않았으며, 더 슬픈 것은 그 평가를 받아들이고, 내가 잘못되었다는 생각을 한 것이다.

나의 이야기가 자신의 권리에 눈을 뜨게 되는 시점이 되길 바란다. 아직도 나를 포함하여 많은 사람이 자신의 권리에 대해서 무지한 것 같다. 지금이라도 늦지 않았다. 나 자신에게는 그 어떤 것보다 우선되어야 할 권리가 있다는 것을 가슴속에 새겨두자. 그 생각이 신념이 될 수 있다면 더욱 좋다. 그러면 굳이 이렇게 행복하기 위해서 기준을 만들라는 잔소리를 하지 않아도 될 것이다. 자신이 어떻게 행복을 찾고, 누리고, 향유할 수 있는지 스스로 알게 되리라 생각하기 때문이다.

지금부터 우선순위에 일이 아니라 나 자신을 두어라

이 글을 읽은 이후부터는 지금 당장 나를 우선시하자. 나를 우선시한다는 것은 나에게 투자하는 것을 아까워하지 않는다는 것이다. 그 투자는 꿈이어도 좋고, 사랑이어도 좋다. 그 어떤 것이어도 좋다. 중요한 것은 최종 목표는 나를 위한 것이 되어야 한다는 것이다.

한국마케팅협회의 신상희 대표는 자신을 가장 우선순위에 놓은 대표적인 예이다. 현재 그녀는 우리나라의 수많은 경력단절 여성들에게 귀감이 되고 있다. 경남 창원에서 그녀는 남부럽지 않은 삶을 살고 있었다. 당시 그 삶은 그녀에게 있어서는 썩 마음에 들지 않았다. 왜냐면 진정으로 자신이 원하는 삶이 아니었기 때문이었다. 부모님이 꾸려준 삶이었기에 마음속에서는 자신의 것이 아니라고 느낀 것이다. 그런 과정이 반복되면서 어색함은 쌓여갔다. 다른 사람의 눈에는 분명 좋은 환경이었다. 하지만 그녀의 영혼은 계속해서 아니라고 얘기한 것이다.

결국 그녀는 결심하게 된다. 영혼을 울리는 꿈과 비전이 보이는 곳으로 떠나길 결정한다. 자신의 꿈을 진정으로 우선시했던 마음은 가족들도 동의하게 만들었다. 경기도 분당으로 이사와서 최고의 행복을 누리며 삶을 새롭게 시작하게 된다. 비록 이전의 환경보다는 조촐하지만 행복했다고 담담하게 밝힌다. 그렇게 자신의 꿈에 투자하고, 희망에 삶을 거는 모습은 경력단절 여성뿐만 아니라 많은 사람에게 삶의 동기를 부여해주었다.

나를 우선시할 때 세상의 중심은 나를 위주로 돌아가게 될 것이다. 그렇게 되면 내가 주변인이라고 생각하지 않아도 된다. 세상의 중심에 서는 삶은 자신을 우선시한 사람만이 누릴 수 있는 특권이다.

07 내 안에 있는 부정적 감정들을 정리하라

화가 날 때는 말을 하라. 당신은 두고두고 후회할 최고의 연설을 하게 될 것이다.
– 로렌스 피터

부정적인 생각은 갖고 있을수록 독이 되어 온몸에 퍼진다

"이기적인 내가 너무 싫어요. 죽이고 싶을 정도로 싫단 말이에요."
"그런데, 자꾸 이기적인 생각이 들어요. 멈출 수가 없어요."

상담을 받으면서 했던 말이었다. 당시 나는 상담을 해오면서 이기적인 내 생각과 태도 때문에 주변 관계가 소원해졌다는 것을 가슴 깊이 깨달았다. 그래서 이기적으로 살아왔던 나 자신과 앞으로도 그렇게 살아갈 나 자신이 두렵고, 싫었다. 그런 절절한 깨달음과 두려움이 범벅이 된 상태에서 대인관계를 할 때 여전히 이기적인 모습으로 있는 나를 보는 것이 싫었다. 그래서 나는 답답한 마음을 상담자에게 토로했다.

이 말을 내가 더 생생하게 기억하는 이유는 감정적으로 크게 동요했었기 때문이었다. 그때 쏟아냈던 눈물은 평생 쏟아도 모자랄 정도의 양이었던 것 같다. 상담 시간 내내 울었기 때문이다. 그만큼 내게는 큰 문제로 느껴졌고, 멈출 수 없는 생각의 힘에 답답함을 느낀 것이었다.

이제는 그 부정적인 생각들의 자리에는 긍정적인 생각들이 대신하고 있다. 예를 들어, '남도 나 자신이라고 생각하자.'라든지, 아니면 '최소한 피해는 주지 말자.'라는 생각 등이 자리하고 있다. 사실, 여전히 부정적인 생각이 든다. 아예 부정적인 생각이 안 든다고 말하면 그건 거짓말일 것이다. 중요한 건 부정적인 생각이 들더라도, 이제는 그 생각에 따라서 크게 내 행동에 영향을 받지 않는다. 예전보다는 훨씬 더 좋은 생각들을 많이 하기 때문이다. 그래서 그냥 '또 나쁜 생각이 들었네.' 하고 넘길 때가 많아졌다.

이렇게 될 수 있었던 가장 중요한 이유는 역시 부정적인 생각들을 털어냈기 때문이다. 이는 내가 상담에서 경험했던 가장 중요한 치료 요인이기도 하다. 상담은 상담자와 방문자가 아주 긴밀하고, 개인적인 얘기를 나누는 곳이다. 그래서 평소 생각하고 있었던 것들을 그 자리에서만큼은 자유롭고 제한 없이 털어낼 수 있다. 그러면서 그 과정에서 억눌려 있던 감정이 쏟아져나오며 치유가 되는 것이다. 별것 아닐 것 같지만, 실제로 그 상담의 원리는 중요하다. 그리고 그 과정에 더해서 상담자의 따뜻한 공감도 함께 존재하기 때문에 방문자는 더욱더 쉽게 일어날 수 있는 것이다. 나도 상담에서 그 경험을 했기 때문에 새로운 삶을 살아가고 있다.

그러나 이런 부정적인 생각은 멈출 수가 없다. 내가 어떻게 통제할 수가 없는 것 같다. 한번 시작하면 끝이 없다. 그래서 쉽지 않다. 이렇게 어려움을 겪는 이유 중의 하나는 부정적 생각의 속성을 모르기 때문에 통제하기가 어려운 것이다. 우리가 알아야 할 부정적인 생각의 속성은 그 생각들의 대부분은 진실이 아니라는 것이다. 다시 말하겠다.

"부정적인 생각들은 진실이 아닐 때가 많다."

부정적인 생각이 계속 들고, 또 한번씩 그 생각에 집착하게 되는 경우가 있다. 그 경우의 대부분은 그 생각이 진실이라고 믿기 때문이다. 아직 일어난 일도 아닌데, 그것이 마치 곧 일어나리라 생각하고, 믿기 때문에 그냥 넘기지 못하는 것이다. 그리고 어떤 일이 일어났더라도 그것을 너무 과장해서 생각하기 때문에 문제가 되는 것이다. 마치 실제로 일어난 사건처럼 말이다.

요즘 외상 후 스트레스장애가 많이 언급된다. 줄여서 PTSD(Post Traumatic Stress Disorder)라고 말한다. 미디어에서 자주 노출되었기에 이제는 익숙한 용어이기도 한데, 이는 사람이 충격적인 사건을 경험한 후에 발생할 수 있는 정신 신체 증상들이다. PTSD를 경험할 때 핵심적인 것은 충격적인 사건에 대한 재경험이다. 즉, 이전에 겪었던 사건과 유사한 상황에 부닥치거나 그런 생각이 들면 그때 느꼈던 정서들이 실제로 일어난 것처럼 느껴지는 것이다. 그러니까 이전과는 분명히 다른 상황이고 안전한데, 또다시 그때처럼 충격적인 사건으로 느낀다는 것이다.

2000년 많은 사건이 있었다. 그중 많은 사람을 충격에 빠뜨린 사건이 있었다. 강원도에서 한 주부가 살해당하는 사건이었다. 당시 피의자는 묻지 마 범행을 저질렀다. 그래서 자신과 아무런 관련이 없는 피해자를 무자비하게 폭행했다. 그런데, 문제는 그때 피해자의 자녀들이 있었다. 그래서 그 과정을 온전히 지켜보고 있었던 아이들은 성인이 된 후에도 여전히 피해의 상황을 경험하고 있다. 아이들은 그저 그 과정을 지켜본 것만으로 두려움에 갇혀 있는 것이다. 그 두려움은 유독 피의자와 유사한 남성을 보면 나타난다. 피의자였던 사람과 유사한 사람을 보면 질겁하는 것이다. 또 그 사람이 누군가를 해치려고 나타난 것으로 생각하는 것이다. 참으로 안타까운 사연이다.

사실, 이런 상황은 PTSD를 경험하는 환자들에게만 나타나는 것이 아니다. 우리들에게도 충분히 일어나고 있다. 즉, 정도의 차이일 뿐 누구에게서나 나타나는 현상이라는 것이다. 그래서 일상에서 벌어지는 많은 일이 불행하다고 느끼는 것이다. 그러니 부정적인 생각을 정리하고 싶다면, 우선 부정적인 생각이 들 때마다 그 생각을 의심하는 태도를 가져야 한다.

'지금 하는 이 생각이 과연 합리적인가?'
'지금 내가 하는 부정적인 생각이 과장된 것은 아닌가?'

이렇게 질문을 하는 것은 그 생각에 대한 집착을 막아준다. 그리고 부정적인 생각에서 살짝 떨어지도록 만든다. 이런 과정이 반복되면 내 안의 부정적 생각들은 어느새 훨훨 떠나고 없을 것이다.

감정을 흘려보내는 최고의 방법 : 감정 노트

심리학을 배울 때 감정에 대한 부분을 많이 배운다. 지도교수님을 포함하여 심리학을 하는 모든 선배님들은 감정에 대한 강조를 아끼지 않으셨다. 나 또한 어느 정도 경력이 쌓이면서 감정에 대한 강조를 아끼지 않을 수 없게 되었다. 그만큼 심리학은 감정이 전부라고 해도 과언이 아니라는 것의 반증일 것이다.

그런데, 당시에는 그 과제가 매우 귀찮게 여겨졌지만, 그것을 한 후에는 새로운 경험을 했다. 그래서 나의 기억에 남는다. 그 과제 이후로 어느 정도 생각을 통제할 수 있는 또 다른 방법을 얻었다고 느꼈기 때문이다. 그것은 바로 자신의 느낌을 쓰는 것이었다. 일명 '느낌 노트'라고 했다. 느낌 노트를 쓰는 방법은 매우 간단하다.

Step 1. 내 머릿속에서 일어나는 생각을 떠올린다.

Step 2. 그 생각에 따른 감정을 느낀다.

Step 3. 위의 생각과 감정을 하나의 문장으로 만들어서 쓴다.

예를 들어, '시험 성적이 떨어져서 너무 슬퍼.', '내가 원했던 직장에 취업하니까 너무 행복해!' 등과 같이 쓰는 것이다.

이 내용을 계속해서 써 내려 가다 보면 분명 깨닫는 것이 있다. 사람마다 다르겠지만, 나는 첫 번째로 내가 이렇게도 많은 생각을 하고 산다는 것이었다. 두 번째로 그 생각들은 부정적인 생각으로 가득했다는 것을 깨달은 것이었다. 내가 만약 실패한 삶이었다고 한다면, 그 원인은 모두 다 이 생각들 때문이었을 것이다. 부정적인 생각들을 이렇게 많이 하고 살았기 때문에 지금의 결과는 당연하다는 깨달음을 얻은 것이다.

이렇게 부정적인 생각을 많이 한다는 것을 깨닫고 나니, 이렇게 살면 안 되겠다는 경각심이 생겼다. 그 후로부터는 의식적으로라도 긍정적 생각을 주입하려고 노력했다. 그것이 계기가 되어서 나는 지금도 꾸준히 긍정적인 생각을 주입하고 있다. 이렇게 함으로써 확실히 이전보다 행복의 수치가 올라갔다. 또한, 내 삶에 대한 통제감도 더욱 높아져서 스스로 만족감도 느낄 수 있어서 좋았다.

느낌 노트 쓰기는 나의 스승님이셨던 대화 스님께도 굉장히 강조하셨다. 스님은 과거에 하루에 100문장 쓰기를 수년간 이어오셨다. 100문장을 며칠 동안 쓰기는 쉽다. 하지만 그것을 몇 년 동안 그것도 하루도 빼놓지 않고 쓰셨다. 대답한 집념인 것이다. 결국 그 과정을 통해 자신의 마음을 어항의 물고기를 보듯 볼 수 있게 되었다고 하셨다. 그 말은 다른 사람의 마음을 볼 때도 그렇게 보인다는 뜻이다. 그래서 수많은 사람에게 존경을 받는 것으로 생각한다.

부정적인 감정 자체는 나쁜 것이 아니다. 감정은 원래 나쁘고, 좋은 것이 있는 것이 아니기 때문이다. 감정은 단지 어떤 상황에 대한 나의 반응일 뿐인 것이다. 다만, 부정적인 감정이 문제가 될 때는 우리가 그것은 붙잡고 있을 때이다. 그것이 결국 독이 되어 나를 해치게 되기 때문이다. 그러니 이제부터라도 부정적인 감정은 그냥 두지 말고, 정리하자. 우리가 행복해질 수 있는 가장 빠르고도 확실한 방법이다.

내 인생을 위해 가지면 좋은 기준 : "생각은 일단 긍정적으로 하고 보라."

심리학을 전공하며 사람의 마음에 대해 학술적 연구를 꾸준하게 해오고 있다. 그러면서 늘 깨닫는 것은 역시나 '마음'이다. 마음을 어떻게 관리하느냐에 따라서 자신의 삶과 인생이 좌우될 수 있다는 것이다. 우리가 피부 관리를 위해서 열심히 투자하는 것처럼 마음에도 그런 관심을 투자해야 삶이 더 행복해질 수 있다고 생각한다.

사실, 심리학자가 아니라도 어느 정도의 경륜이 있다면, 인생에 있어서 마음의 중요성을 깨닫게 되기도 한다. 주변 어른들은 늘 말씀하신다.

"나쁘게 생각해봐야 도움 될 것 하나도 없어. 그냥 즐겁게 사는 게 최고야."

당시 이 말을 흘려들었다. 왜냐면 너무 당연한 말이었기 때문이다. 너무 당연했기에 오히려 이 말의 깊이를 알지 못하고, 무시해버린 것이다.

하지만 이제야 깨닫는다. 어른들이 하는 이 말에는 수십 년의 세월의 흔적이 묻어 있다는 것을. 어른들은 고난과 역경을 경험하고 있을 때 전전긍긍하고, 부정적인 생각을 해봐야 아무 소용없다는 것을 체감한 것이다.

불교에서 일체유심조라는 말이 있다. 내가 가장 좋아하는 말이기도 하다. 한자어 그대로 '모든 것은 마음이 지어내는 일'이라는 것을 의미한다. 내가 아무리 환경적으로 어려움을 경험하고 있더라도 내가 긍정적으로 생각하고, 좋은 방향으로 여기면 그곳이 곧 천국이 될 수 있다는 것이다.

삶의 질은 마음의 중요성을 얼마나 깊이 있게 깨닫는지에 달려 있다고 생각한다. 나도 아직 한참 멀었다. 이제 1,000분의 1을 안 것 같다. 그러나 그 1은 절대 작지 않다. 인생의 핵심인 1,000 중에서 1을 깨달은 것이기 때문이다. 그래서 그만큼의 자유를 얻고 있다.

내가 중요하게 생각하고, 그에 따른 이익을 깨달은 만큼 이 기준은 꼭 권하고 싶다. 다른 그 어떤 기준보다 우선시하면 좋겠다. 일단 생각은 긍정적으로 하고 보라.

H.07 FOLKDIKTNING
FANTASY

He ENGLISH

Epilogue

제대로 선택할 수 있다면 당신은 이미 행복합니다

이 책의 집필을 전후로 내 삶은 꾸준히 변해왔다. 내 삶의 각각의 영역들에서 나만의 기준을 세웠고, 그 기준은 나를 더욱더 단단하게 만들어주었다. 나의 선택을 스스로 믿고, 그에 따른 책임을 지려고 하는 모습이 더욱 생겼다. 물론 세상의 풍파에서 완전하게 벗어났다고 말한다면 거짓말일 것이다. 나도 상담자이기 전에 한 명의 사람이다. 그래서 아직 완전하게 내 기준이 확립되지 않는 것도 있다. 인정한다. 아직 기준을 만들어가고 있는 것도 있지만, 나름의 성찰을 통해서 세운 것들이 나에게는 큰 힘이 되어주고 있다.

인생에서 중요한 영역들이 다양하게 있는데, 그중 성공영역을 꼽아보겠다. 그 부분에서 나는 제대로 기준을 세움으로 인해서 효과를 톡톡히 보았다. 앞서 언급했듯, '성공은 아주 사소한 것부터 시작된다.'라고 하였다. 나는 그 기준을 세우기 위해서 이전의 선입견들을 깨는 과정을 거쳐야만 했다. 충분하게 시간을 들였고, 자문자답을 통해 결과물이 작은 것도 성공이라는 결론을 내릴 수 있었다.

이렇게 나는 '사소한 것도 성공이다.'라는 기준을 내 안에 새롭게 심었다. 즉, 성공의 영역을 넓힌 것이다. 작은 것도, 큰 것도 모두 다 성공인 셈이다. 이 말은 내가 행복할 수 있는 상황을 더욱 넓혔다는 말과 바꿔 쓸 수도 있다. 이 과정이 의미 깊었고, 설레었다. 그래서 나는 새로운 기준을 만들고 받아들일 때, 비옥한 토양에 새로운 씨앗을 심는 마음이었다. 그렇게 기준을 세운 후 물을 주고 영양분을 제공했다. 즉, 새롭게 세워진 기준이 내 안에서 잘 세워질 수 있도록 관심을 준 것이다. 그랬더니 어느 순간부터 소소하지만 지속적인 행복을 누릴 수 있게 되었다. 하루하루가 성공의 날이 된 것이다. 어떤 하루는 작은 성공, 또 어떤 하루는 큰 성공을 거두는 날이 돌아가며 반복되었다.

무엇보다 기준을 제대로 세웠더니 떨어져 있던 자존감과 건강이 증진되는 것을 느낄 수 있었다. 성공에 대한 기준을 바꾼 후 성공이라 말할 수 있는 날들이 늘어났다. 하지만 성공이 아닌 날도 있었다. 내가 생각했던 사소한 범위에 미치지 못할 때도 분명 있기 때문이다. 그럴 때는 평소에 단단해져 있던 자존감이 큰 역할을 하였다. 좌절을 하더라도 좀 더 힘 있게 다시 시작하는 나를 볼 수 있었다.

이런 부분은 심리상담을 할 때 큰 효과를 보았다. 상담을 처음 시작할 때 상담 내에서 성공에 대한 집착이 컸었다. 그래서 요청자의 사소한 반응에 굉장히 민감하게 반응했다. 조금이라도 상담에 만족하지 않는 듯한 내색이 비치거나, 표현을 하면 큰 좌절을 겪었다. 그래서 이후의 상담에도 많은 문제를 초래했다. 이후 상담을 이끌어가는 느낌이 아니라 늘 요청자의 상담에 대한 반응에만 집중하고 있었다. 그래서 이후의 상담 성과는 불을 보듯 뻔한 결과였다.

나는 상담 요청자들에게 진짜 도움을 주지 못한다는 반성을 하게 되었다. 그래서 성공의 기준을 바꿨다. 내담자가 보이는 아주 작은 변화도 성공으로 본 것이다. 그랬더니 놀랍게도 상담의 성과는 훨씬 좋아지는 것을 느꼈다. 상담 요청자들과 더욱더 깊게 소통할 수 있게 되었다. 무엇보다 나 자신이 여유롭다는 것을 느꼈다. 그 후 상담은 성과물을 내는 자리가 아니라 진솔한 내면의 소통 시간이 된 것이다. 물론 힘들 때도 그전에 충분히 쌓아왔던 여유를 통해 찬찬히 문제를 살펴보게 되었고, 좀 더 수월하게 대처하는 능력을 갖추게 되었다. 즉, 좀 더 성숙해진 것이다.

물론 앞으로도 많은 성장과 경륜을 필요로 한다. 핵심은 그 기준을 세우는 과정이 나로 하여금 행복의 질을 확실히 높였다는 것이다.

결국, 나만의 기준을 세운다는 것은 이전보다 내가 좀 더 다양하게, 자주 행복할 수 있는 기준을 세우는 것이다. 즉, 우리들의 행복을 위해서 제대로 선택하자는 것이다.

선택은 절대 어렵지 않다. 우리에게는 선택할 수 있는 권리와 힘이 주어졌기 때문이다. 문제는 용기가 부족하다는 것이다. 새로운 삶을 위해서 찾아 나서고자 하는 모험심이 부족하기에 한발을 떼지 못하는 것이다. 사실, 행복은 이미 우리 옆에 있는 것인데, 그 한발이 참 어렵다. 그래서 수많은 고민을 하다가 포기해버리는 것이다.

이번만큼은 나 자신에게 후회가 될 일을 하지 말자. 마음을 먹었다면, 지금 당장 시작해보자. 나는 당신이 행복을 위해서 제대로 된 선택을 할 힘을 이미 갖추고 있다고 확신한다. 자신을 믿어라. 그러면 길이 알아서 열릴 것이다.

인생에서 나만의 기준을 만드는 방법

초 판 1쇄 2019년 02월 26일

지은이 손종우
펴낸이 류종렬

펴낸곳 미다스북스
총 괄 명상완
에디터 이다경

등록 2001년 3월 21일 제2001-000040호
주소 서울시 마포구 양화로 133 서교타워 711호
전화 02) 322-7802~3
팩스 02) 6007-1845
블로그 http://blog.naver.com/midasbooks
전자주소 midasbooks@hanmail.net
페이스북 https://www.facebook.com/midasbooks425

ISBN 978-89-6637-647-6 03190

값 15,000원